भगवत रावत

प्रतिनिधि कविताएँ

सम्पादक
अरविन्द त्रिपाठी

राजकमल पेपरबैक्स

राजकमल पेपरबैक्स में
पहला संस्करण : 2014
चौथा संस्करण : 2024

राजकमल पेपरबैक्स : उत्कृष्ट साहित्य के जनसुलभ संस्करण

राजकमल प्रकाशन प्रा.लि.
1-बी, नेताजी सुभाष मार्ग, दरियागंज
नई दिल्ली-110 002
द्वारा प्रकाशित

शाखाएँ : अशोक राजपथ, साइंस कॉलेज के सामने, पटना-800 006
पहली मंजिल, दरबारी बिल्डिंग, महात्मा गांधी मार्ग, प्रयागराज-211 001
1, अनमोल सोराबजी संतुक लेन, धोबी तलाव, मरीन लाइंस, मुम्बई-400 002

वेबसाइट : www.rajkamalprakashan.com
ई-मेल : info@rajkamalprakashan.com

बी.के. ऑफसेट
नवीन शाहदरा, दिल्ली-110 032
द्वारा मुद्रित

मूल्य : ₹ 199

PRATINIDHI KAVITAYEN
Representative Poems of Bhagwat Rawat
Edited by Arvind Tripathi

ISBN : 978-81-267-2663-9

प्रतिनिधि कविताएँ

भगवत रावत

जन्म : 13 सितम्बर, 1939, ग्राम टेहेरका, जिला टीकमगढ़ (म.प्र.)।

शिक्षा एवं कार्यक्षेत्र : बी.ए. (बुन्देलखंड कॉलेज), झाँसी (उ.प्र.)। एम.ए.बी.एड. प्राइमरी स्कूल के अध्यापक के रूप में कार्य करते हुए भोपाल (म.प्र.) से। 1967 से 1982 तक क्षेत्रीय शिक्षा संस्थान, मैसूर (कर्नाटक) तथा भोपाल में हिन्दी के व्याख्याता। 1983 से 1994 तक हिन्दी के रीडर पद पर कार्य करने के बाद दो वर्ष तक मध्य प्रदेश हिन्दी ग्रन्थ अकादमी के संचालक। 1998 से 2001 तक क्षेत्रीय शिक्षा संस्थान में हिन्दी के प्रोफेसर तथा समाजविज्ञान और मानविकी शिक्षा विभाग के अध्यक्ष। इसके बाद 2001 से 2003 तक साहित्य अकादमी, मध्य प्रदेश के निदेशक तथा मासिक पत्रिका 'साक्षात्कार' का सम्पादन। 1989 से 1995 तक म.प्र. प्रगतिशील लेखक संघ के प्रान्तीय अध्यक्ष तथा 'वसुधा' (त्रैमासिक) पत्रिका का सम्पादन। मध्य प्रदेश की साहित्यिक एवं सांस्कृतिक गतिविधियों के विकास एवं संचालन में सक्रिय योगदान।

सृजन : कविता संग्रह : समुद्र के बारे में (1977), दी हुई दुनिया (1981), हुआ कुछ इस तरह (1988), सुनो हिरामन (1992), अथ रूपकुमार कथा (1993), सच पूछो तो (1996), बिथा-कथा (1997), हमने उनके घर देखे (2001), ऐसी कैसी नींद (2004), निर्वाचित कविताएँ (2004), कहते हैं कि दिल्ली की है कुछ आबोहवा और (2007), अम्मा से बातें और अन्य कविताएँ (2008), देश एक राग है (2009)। **आलोचना :** कविता का दूसरा पाठ (1993), कविता का दूसरा पाठ और प्रसंग (2006)।

सम्मान : दुष्यन्त कुमार पुरस्कार, मध्य प्रदेश साहित्य परिषद् (1979), वागीश्वरी सम्मान, मध्य प्रदेश हिन्दी साहित्य सम्मेलन का सम्मान (1989), शिखर सम्मान, मध्य प्रदेश शासन संस्कृति विभाग (1997-98) तथा भवभूति अलंकरण, मध्य प्रदेश हिन्दी साहित्य सम्मेलन (2004) का सम्मान।

उर्दू, पंजाबी, मराठी, बांग्ला, उड़िया, कन्नड़, मलयालम, अंग्रेजी तथा जर्मन भाषाओं में कविताएँ अनूदित।

निधन : किडनी की गम्भीर बीमारी से जूझते हुए 25 मई, 2012 को भोपाल (म.प्र.) में अवसान।

भगवत रावत
की स्मृति
में

भगवत रावत : सादगी का सौन्दर्यबोध

"पता नहीं, मैं इन सबके प्रति संवेदनशील हूँ या मेरी संवेदना का संसार यही है, मेरी दुनिया ही यह है। मैं कहीं और नहीं जा सकता। मैं एक बेहद साधारण गरीब घर में पैदा हुआ। अपने बचपन से लेकर बड़े होने तक के बारे में बताकर उस गरीबी को 'ग्लोरीफाई' नहीं करना चाहता, न उससे कोई सहानुभूति अपने प्रति पैदा करना चाहता हूँ। इतना जरूर कहना चाहता हूँ कि जिन लोगों के बीच मेरा बचपन बीता वे सारे लोग यानी पूरा मुहल्ला, हमसे कहीं ज्यादा गरीब था। हम अपने मोहल्ले में गरीब होते हुए भी ब्राह्मण होने के कारण कई चीजों में उनसे बेहतर जीवन जीते थे। इतनी अशिक्षा, इतनी दरिद्रता, इतनी गंदगी और लगभग नारकीय जीवन मैंने भोपाल की दुनिया में भी नहीं देखा। मैं कहना चाहता हूँ कि हमारा घर-परिवार लगभग उन्हीं की श्रेणी का होते हुए भी एक मात्र ऐसा परिवार था जिसे अपने कुछ भिन्न और थोड़ा ऊँचा होने का भी अहसास था। वे सारे लोग मेरी कविताओं में अगर दर्ज हैं तो इसलिए कि मैं उनके प्रति संवेदनशील हूँ-इसलिए कि वही मेरा बचपन है और वही मेरी दुनिया है जिसने मुझे बनाया और पढ़-लिखकर बेहतर तथा कथित सभ्य आदमी बनकर मैं उन्हें वहीं छोड़कर बाहर निकल आया। पर वे लोग सब तो मेरा पीछा नहीं छोड़ते मैं लिख-लिख कर उनसे पीछा छुड़ाता हूँ। लेकिन वे बार-बार मेरे अंदर बैठे मुझे चिढ़ाते रहते हैं।" (भगवत रावत से दोस्ती : पृष्ठ 12-13)

अपने बारे में खुद बयान करने वाले हिन्दी के विलक्षण कवि भगवत रावत की यह स्वीकारोक्ति एक ओर उनकी विकट संघर्षशील जिंदगी के सफर का झलकता दर्पण है तो दूसरी ओर उनके कवि होने और लिखने के कारण का तीव्रतम साक्ष्य। इस लिहाज से वे अपनी पीढ़ी के दुर्लभ कवियों में एक हैं जिनकी कविता और जीवन को अलग करके देखना ज्यादती होगी;

क्योंकि उनकी कविता के पूरे सफर में उनके जीवन-संघर्ष के साथ साधारणजन की मुश्किलों-भरी जिंदगी की दास्तानें, उनके कवि-कर्म में शुरू से लेकर अखीर तक मुब्तिला हैं।

भगवत की कविता और जीवन से वाकिफ दोस्तों और पाठकों को सहज ही उनके मानवीय बोध के धरातलों का अंदाजा लग जाता है। अपनी कविता में 'मनुष्यता' से इस हद तक प्यार करने वाले वे बिरले कवि दिखायी देते हैं। समाज के साधारण जनों से इतना प्यार, इतनी हमदर्दी, इतनी करुणा, इतनी सदाशयता, इतनी विनम्रता, इतनी कशिश और उसकी रागमयी गर्माहट कम कविताओं और कवियों के जीवन में दिखायी देती है।

दरअसल यह भगवत जैसे कवि की काव्यानुभूति की उच्च तापमान वाली मानवीय उष्मा की तीव्रता है, जहाँ मानवीय भावबोध का आवेग, काव्यबोध में अनायास रूपान्तरित होता है। इसलिए भगवत की कविता में मानवीय धरातल का यह भावबोध निरन्तर सक्रिय रहता है। यह खासियत उनकी कविता में शुरू से अखीर तक लगातार प्रवहमान है। भगवत की कविता में यह काव्य-उपजीव्य उनकी साँसों की रफ्तार से बँधी और बिंधी हुई है। इसलिए वह हमेशा सजल, प्राणवान और भरोसा दिलाने वाली कविता होती है। वे कहते हैं कि इस समय दुनिया को ढेर सारी करुणा की जरूरत है। पृथ्वी का वक्षस्थल हिंसा से लहूलुहान है। वह करुणा ही है जो पृथ्वी के घायल और दग्ध हृदय को सहला सकती है-"सूरज के ताप में कहीं कोई कमी नहीं/ न चन्द्रमा की ठंडक में/ लेकिन हवा और पानी में जरूर ऐसा हुआ है कि दुनिया में करुणा की कमी पड़ गई है/ पता नहीं/ आने वाले लोगों को दुनिया कैसी चाहिए/कैसी हवा, कैसा पानी चाहिए/ पर इतना तो तय है कि इस समय दुनिया को/ढेर सारी करुणा चाहिए (करुणा : सच पूछो तो, पृष्ठ 67)

भगवत को सबसे ज्यादा विश्वास 'लोक' में है। 'लोक' से सामान्य कवियों की तरह उनका महज जुड़ाव का मामला नहीं है बल्कि उनकी कविताओं से गुजरते हुए आपको लगेगा कि इस कवि का लोक से नाभिनाल रिश्ता है। बिना लोक के उसकी कोई अहमियत नहीं, बिसात नहीं। कोई पहचान नहीं, कायदे से देखा जाय तो भगवत की कविता की मूल पहचान ही लोक अभिव्यक्ति है। दिलचस्प तथ्य यह है कि भगवत की कविता लोक से सिर्फ

हमदर्दी, सहानुभूति, दया, कृपा-भाव पाने के लिए नहीं जुड़ती बल्कि इसके उलट वह लोक की ताकत और उसके स्वाभिमान को जगह-जगह उजागर करती है। कहने की जरूरत नहीं कि भगवत की कविता में लोक की छवियाँ और उसका महिमामंडन एक सिरे से नदारद है। बल्कि उसकी जगह लोक संघर्ष और उसकी क्षमता, वहाँ के संघर्षशील चेहरों में पूरी शिद्दत के साथ मौजूद है।

मित्रता और प्रेम हमेशा बराबरी का हक चाहती है। गौर से देखें तो भगवत की कविता की दुनिया में जनता से प्रेम और मित्रता हमेशा बराबरी के धरातल पर घटित होती हुई, आमने-सामने बैठकर वार्तालाप करती है। तथाकथित भद्र और कुलीन समाज में लोगों के बीच अक्सर 'आफिशियल डायलाग' होता है। बहुत नपा-तुला, चतुराई के साथ-कुलीन भाषा और मुहावरे में। भगवत की कविता इस संवाद-शैली को खारिज करती हुई, अक्सर दूसरों से हालचाल और उनकी ढाल का मुआइना करती, गलत और सही के भेद पर बरजती, बहुत इत्मीनान के साथ समझाती और बात करती हुई पाठकों के दिल में उतरती है और जगह बनाती है।

भगवत की काव्य-चिंता के मूल में बदलाव के लिए बेचैनी और अकुलाहट है। मुक्तिबोध के शब्दों में 'जो है उससे बेहतर चाहिए/ सारी दुनिया को साफ करने के लिए मेहतर चाहिए'। कहने का आशय है कि भगवत सामाजिक कर्म की कविताएँ लिखते हुए अपनी भूमिका 'मेहतर' के अंदाज में निभाते हैं। इसीलिए उनकी कविता में संवादधर्मिता की मुद्राएँ सर्वत्र व्याप्त हैं, जो उनके उत्तरवर्ती लेखन में क्रमशः संबोधन शैली में बदल गई हैं। पर उनकी कविता में कहीं भी नकचढ़ापन, नकार, मसीही अंदाज और क्रांति की हड़बड़ी नहीं दिखायी देती। उनकी कविता में अपने पूर्ववर्ती-परवर्ती कवियों की गूँजें भी इसीलिए कहीं नहीं दिखायी पड़तीं। मुक्तिबोध को आदर्श कवि मानने वाले भगवत में मुक्तिबोध की आत्मालाप, संलाप की भंगिमाएँ भी बिल्कुल नहीं मिलेंगी, श्रीकांत वर्मा की चीख या संशय भी नहीं दिखेगा, शमशेर का एकांत भी नहीं मिलेगा। रघुवीर सहाय का अवसाद भी नहीं मिलेगा। कुँवर नारायण का बौद्धिक विमर्श भी कहीं नहीं मिलेगा। एक जमाने में धूमिल को बेहद पसंद करने वाले भगवत के यहाँ क्रांति की हड़बड़ी या एक खास ऊँचाई से जनता को आगाह करने वाली मुद्राएँ बिल्कुल नदारद मिलेंगी। गौर से देखें तो नक्सलबाड़ी आन्दोलन से

प्रभावित हिन्दी के किसी कवि की क्रांतिकारी छवि और लहजे से भगवत रावत की कविता का रास्ता अलहदा है। यहाँ तक कि वे अपने समकालीन विनोद कुमार शुक्ल, चन्द्रकांत देवताले, नरेश सक्सेना, विष्णु खरे इत्यादि सबसे अलग रास्ता अख्तियार करते हैं। अपने काव्य-पथ पर चलते हुए भगवत के कवि का मिजाज और लहज़ा दोनों अलहदा हैं। इसलिए उनकी कविता सहज ही अपने पूर्ववर्तियों, परवर्तियों और समकालीनों के बीच अलग से और तुरंत अपनी निजी पहचान हासिल करती दिखती है।

भगवत शुरू से अन्त तक एक प्रतिबद्ध मार्क्सवादी कवि के रूप में सामने आते हैं। विचारधारा के स्तर पर उन्होंने मुक्तिबोध और परसाई की तरह कभी कोई समझौता नहीं किया। सोवियत संघ के विघटन के बावजूद मार्क्सवाद के प्रति उनकी आस्था और विश्वास खंडित नहीं हुआ। जबकि हमारे समय के अनेक मार्क्सवादी लेखकों ने उत्तर-आधुनिकता की अवधारणाओं को मार्क्सवाद के विकल्प के रूप में देखने की शुरुआत कर दी।

कम लोगों को पता होगा कि भगवत आरम्भ में विज्ञान के विद्यार्थी रहे हैं। वे कहते हैं–"विज्ञान ने मुझमें वह दृष्टि पैदा की कि यथार्थ (रियलटी) और वस्तुगत यथार्थ (आब्जेक्टिव रियलटी) में क्या भेद है। जो दिख रहा है, जो सामने हो रहा है वह यथार्थ है जिसके स्वयं आप भी हिस्से हैं, किन्तु जब आप अपने आपको उस यथार्थ से मुक्त करके उससे दूर रहकर उसे देखते हैं तो वह यथार्थ वस्तुगत यथार्थ हो जाता है। जब आप स्वयं को भी एक चरित्र के रूप में दूर से देख सकते हैं और निर्ममता से खुद का भी विश्लेषण कर सकते हैं। कुछ इस तरह के मूलभूत वैज्ञानिक सत्य अगर उस समय समझ में नहीं आते तो मैं मार्क्सवाद की अंतरात्मा को छूने से रह जाता जो मैंने उसके अध्ययन के दौरान, बाद में जानी।" (भगवत रावत से साक्षात्कार : हेतु भारद्वाज, 'अक्सर', पृष्ठ 34)

इससे यह तथ्य जाहिर होता है कि भगवत की मार्क्सवाद में आस्था नैसर्गिक थी। वह ओढ़ी हुई विचारधारा की चादर नहीं थी कि जब जी किया उतार फेंका। हाँ भगवत का यह मत जरूर था कि अगर विचारधारा मैली हो गई है तो पूरी निर्ममता के साथ उसकी सफाई करो। मैल जमने मत दो। तभी तो उन्होंने हाल के वर्षों में 'हे कामरेड' जैसी क्रान्तिकारी कविता लिखी और मार्क्सवादियों के सामने तीखे सवाल पेश किए।

विचारधारा में आत्मपरीक्षण का दूसरा उदाहरण मेधा पाटकर पर लिखी कविता में भी देखा जा सकता है जहाँ कवि पूरे साहस के साथ मार्क्सवादी शब्दावलियों के खोखलेपन पर पश्चाताप कर रहा है–'करुणा और मनुष्यता की जमीन के/ जिस टुकड़े पर तुम अपने पाँव जमाए/ खड़ी हुई हो अविचलित/ वह तो कब का डूब में आ चुका है/ मेधा पाटकर खोखले हुए हमारे सारे शब्द/ झूठी निकली सारी प्रतिक्रियाएँ/ तमाशबीनों की तरह दूर दूर खड़े खड़े/गाते रहे हम दुनिया बदलने के नकली गीत/ हम सबके/ सर झुके हुए हैं/ मेधा पाटकर' । (देश एक राग है : पृष्ठ 60-61)

भगवत मार्क्सवादी विचारधारा के उन कवियों में से हैं जो कविता में विचार को 'इसेंस' की तरह इस्तेमाल करते हैं- जैसे मुक्तिबोध, त्रिलोचन, और नागार्जुन। इस दृष्टि से विचार करें तो पाएँगे कि उनकी कविता में मारकाट, अफरा-तफरी के लिए कोई जगह नहीं हैं। शांत चित्त से परिवर्तनकामी चेतना का संचार करती कविता। वे खुद कहते हैं, "इसीलिए मेरी कविता में वैचारिकता ऊपर-ऊपर तैरती नहीं दिखायी दे सकती। उनमें जीवन का अनुभव ही प्रमुख है और अनुभवों के लिए सबसे पहले आपका घर-परिवार होता है, मोहल्ला होता है, आसपास का समाज होता है। सारी दुनिया को आपको इन्हीं के माध्यम से जानना-समझना होता है। मेरे जैसा लेखक इसीलिए अपने घर के अर्थशास्त्र से ही सारी दुनिया के अर्थतंत्र को समझने की कोशिश करता है। (अक्सर : वही साक्षात्कार : पृष्ठ 34)

भगवत की दूसरी खासियत है कि वे अपनी पीढ़ी में वाचिक परम्परा के अन्यतम कवि हैं। कविता की वाचिक परम्परा अपने यहाँ बहुत प्राचीन और पुष्ट रही है। दुर्भाग्य से इधर की कविता से उसका नाता टूट सा गया है। अपनी कविता में कवि जिस तरह से वाचिकता के सूत्र को पकड़ता है, वह सचमुच बेजोड़ है। रेडियो माध्यम में जिसे 'स्पोकेन वर्ड' कहते हैं यानी उच्चरित शब्द, निश्चय ही वह लिखित शब्द से अलहदा होता है। वे शब्द खामोशी के बजाय बोलते ज्यादा हैं। खुद भगवत का वक्तव्य है : "मैं यह मानता हूँ कि कविता मूलतः एक उच्चरित अर्थात बोला या कहा गया शब्द है। उसका लिखित रह जाना उसकी नियति है। आज के संसार में वह लिखित शब्द मुद्रित रूप में बदल गया है। इसी कारण अधिकतर कवि भी इसे अब लिखित ही मानने लगे हैं। पश्चिम का प्रभाव भी इसका एक कारण है। यही

कारण है कि आज हिन्दी कविता कुछ इतना लिखित होती जा रही है कि धीरे-धीरे सामान्य मनुष्य की भाषा, उसकी प्रकृति, बोली--बानी और रूप-रंग से दूर होती जा रही है।...जो कविताएँ नहीं बजतीं मैं उन्हें कविता नहीं मानता।'' (भगवत रावत : निर्वाचित कविताएँ, पृष्ठ 11-12)

इस प्रसंग में लीलाधर मंडलोई ने भगवत की कविता में वाचिकता की शिनाख्त करते हुए कुछ वाजिब निष्कर्ष निकाले हैं, ''रावत जी की कविता का जो फार्म है उसका भी अनुभव है, उसकी जो शैली है वह 'स्पोकेन वर्ड' से, बोले हुए शब्द से बनती है। बोले हुए शब्द के जितने भी आयाम हो सकते हैं वे चाहे वक्तब्य में हों, नैरेशन में हों, प्रवक्तव्य में हों, सूत्रधार के संवादों में हो, प्रवचन में हों-इन तमाम जगहों पर यदि आप देखें कि 'स्पोकेन वर्ड' के जो फार्म्स हैं या किस्सागोई के जो फार्म्स हैं-ये सारे के सारे फार्म्स किसी न किसी रूप में रावत जी के यहाँ मौजूद हैं।'' (महत्त्व भगवत रावत : लीलाधर मंडलोई के वक्तव्य से : पृष्ठ 200)

कहने की जरूरत नहीं कि वाचिकता की इस परम्परा से कवि ने एक ओर जहाँ समकालीन काव्य-परिदृश्य में एक भूली हुई राह का अनुसरण और उसका पुनर्जन्म किया है वहीं दूसरी ओर काव्य टेक्नीक में दोटूकपन, साफगोई, लोकलय, संगीतगति और सम्बोधन शैली को नये सिरे से ईजाद किया है। इस वाचिकता के प्रयोग ने भगवत के कवि को जनता, पाठक और श्रोता से सीधे-सीधे जोड़ने की कोशिश की। शायद इसलिए भगवत की कविताएँ अपने समय में और आने वाले कल में भी भरोसे की आवाज लगती हैं।

उल्लेखनीय है कि भगवत ने हिन्दी कविता के इतिहास में पहली बार इतने विविध रूपों में कविता में बातचीत के लहजे को विकसित कर पाठकों से सीधा संवाद स्थापित किया। बात कहने का उनका यह लहजा और मुहावरा निजी है। इस तरह इतने व्यापक पैमाने पर कविता की भाषा को सहज बनाकर पेश किया। कविता की भाषा में सादगी का जो सौन्दर्यबोध है उसे व्यापक पैमाने पर भगवत ने प्रयोग किया है। ढेर सारे देसी मुहावरे लोकजीवन से उन्होंने सीधे-सीधे लिये। कहना न होगा कि उन्होंने पूरी कविता-यात्रा में अनलंकृत काव्यभाषा ईजाद की जो वास्तव में बहुत बड़ी उपलब्धि है। इस सन्दर्भ में सुदीप बनर्जी का यह कथन वाजिब है कि ''मैं भगवत की कोई भी कविता उनकी आवाज को सुने बिना नहीं पढ़ सकता।

यह आवाज उनके संवेदनशील और पारदर्शी मन की प्रामाणिक अनुगूँज है।"
(राग भोपाली, अगस्त 2007 : पृष्ठ 28)

भगवत की तीसरी खासियत है–कविता में कथा का विन्यास। अर्थात काव्य में गल्प का सम्मिश्रण। हालाँकि इस दृष्टि से उनके पूर्वज कवि त्रिलोचन हैं जो अधिकांश समय काव्य में कथा कहते रहे। भोजपुरी और अवध अंचल की काव्य-किस्सागोई। कविता में यह किस्सागो अंदाज त्रिलोचन के बरअक्स नागार्जुन में कम नहीं है, पर इस परम्परा में भगवत रावत की कविता में किस्सागोई का सर्वोत्तम विकास दिखाई पड़ता है। कविता में किस्सागोई का यह अंदाज जिन कवि–आलोचकों को भगवत की 'सरलता' अर्थात 'औसतपन' लगता है उन्हें भगवत की कविता में 'सहजता' की ताकत का अंदाजा नहीं है।

त्रिलोचन ने कहा--'सहज हूँ पर अतिकठिन'। भगवत सहज कवि हैं जिनकी अभिव्यक्ति में सादगी का सौन्दर्य समाहित है।

दरअसल भगवत के कवि–कर्म की यह तीसरी खासियत खासी मूल्यवान और प्रभावी है। जिस जतन और अध्यवसाय के साथ उन्होंने कविता में 'नैरेटिव' का इस्तेमाल किया है, वह एक ओर कविता में काव्यवस्तु के रेशे-रेशे को उजागर करता है, दूसरी तरफ कविता में 'नैरेशन' के जरिये पाठक का तीव्रतम साहचर्य मिलता है। भारतीय काव्य–परम्परा में कविता में कथा को समाविष्ट करने की युक्ति प्राचीन रही है। महाकाव्यों की परम्परा में कविता और कथा साथ--साथ हैं। आधुनिक युग में खासतौर से आजादी के बाद की हिन्दी कविता में महाकाव्य तो नदारद हुए ही, धीरे-धीरे आख्यान और मिथक भी छूटते गए। नरेश मेहता, धर्मवीर भारती, श्रीकांत वर्मा, कुँवर नारायण के अलावा निगाह डाली जाय तो सिर्फ भगवत रावत ही ऐसे कवि ठहरते हैं–जिन्होंने प्रगतिशील कविता के इतिहास में कविता में आख्यान को न केवल विकसित किया बल्कि कविता में पठनीयता को बरकरार रखा।

भगवत के जीवन के उत्तरवर्ती काल में काव्य–उर्वरता और बढ़ गई थी। 'हमने उनके घर देखे' (2001), 'ऐसी कैसी नींद' (2004), 'देश एक राग है' (2009), जैसी काव्य–कृतियाँ उनके कवि–कर्म की ऐसी मंजिलें

हैं जो उत्तरोत्तर वर्धमान हुई हैं। इस दशक में उन्होंने जिस तरह की कविताएँ लिखीं, वह न केवल उनके समकालीनों के लिए चुनौतीपूर्ण साबित हुई हैं बल्कि नई पीढ़ी की कविता के सामने काव्यवस्तु और काव्यकला के नये द्वार खोलती हैं। इन कविताओं के जरिए उन्होंने राजनीति, समाज, संस्कृति, अर्थव्यवस्था, लोकजीवन यहाँ तक कि देशराग पर भी गहरे अर्थ-संकेतों वाली कविताएँ सम्भव कीं। उनकी उत्तरवर्ती जीवन की कविताओं को पढ़ते हुए साफ जाहिर होता है कि उन्हें सही बात कहने से कोई रोक नहीं सकता- न दुनिया, न समाज, न व्यवस्था, न कोई ताकतवर सत्ता-पुरुष। इस दौर में भगवत ने मौजूदा व्यवस्था के खिलाफ तो लिखा ही, उन तमाम शक्ति-केन्द्रों के खिलाफ भी लगातार लिखा जो अन्याय की नींव पर पल-पुस रहे हैं। साम्प्रदायिकता, भूमण्डलीकरण और नयी बाजार-व्यवस्था के विरुद्ध जितनी बेधक कविताएँ इस दौर में भगवत ने लिखी हैं, कम कवि ऐसा प्रतिवाद अपनी कविताओं में दर्ज कर पाए हैं। ऐसा लगता है कि भगवत जी भीतर और बाहर दोनों छोरों से बेहद अशांत थे। वे परिवर्तनकामी संस्कृतिकर्मी थे। इसलिए उनके कवि मानस पर लगातार दबाव बना हुआ था। 'ऐसी कैसी नींद' संग्रह की कविताएँ उनके कविकर्म का निचोड़ हैं, जिनसे वे जीवन-भर वाबस्ता रहे। इन कविताओं का भावयंत्र उद्वेग और बदलाव की चरम आहटों से भरा हुआ है। लगता है चारों तरफ धुंध और बदली है, अँधेरी रात है और नींद गायब है। 'सुनो अशोक' की यह पुकार देखने लायक है-"सुनो अशोक/ अब मारने वाला नहीं रहा हत्यारा/ हत्यारा वह जो बचा नहीं पाया/ बचा नहीं पाया और बचा रह गया / फिर रहा मारा मारा सिर झुकाए चुपचाप/ खोजता रहा लाशों के बीच अपनी आत्मा/ अब वह नहीं रहा/ होता था जो मारने वाले से बड़ा/ मुहावरों से भी बाहर हो गया।" (निर्वाचित कविताएँ, पृष्ठ 110)

भारतीय अर्थव्यवस्था के इस खुले बाजारीकरण के मुकाम पर जरा देखिए-भगवत की 'बैलगाड़ी' कविता का वितान। शहरी बाबू-दिमाग के लोग इस कविता को पिछड़ेपन का विकार कहेंगे। पर भगवत की यह कविता मानवीय सभ्यता के वर्तमान सीन पर प्रतिवाद करती हुई कहती है-"एक दिन औंधे मुँह गिरेंगे/ हवा में धुएँ की लकीर से उड़ते/ मारक क्षमता के दंभ में फूले/ सारे के सारे वायुयान...न जाने क्यों लगता है मुझे/ अपनी स्वाभाविक गति से चलती हुई/ पूरी विनम्रता से/सभ्यता के सारे पाप ढोती हुई/ कहीं

न कहीं/ एक बैलगाड़ी जरूर नजर आयेगी/ लगता है एक वही तो है/ हमारी गतियों का स्वास्तिक चिन्ह/लगता है एक वही है जिस पर बैठा हुआ है/ हमारी सभ्यता का आखिरी मनुष्य/ एक वही तो है जिसे खींच रहे हैं/ मनुष्यता के पुराने भरोसेमंद साथी/ दो बैल'' (बैलगाड़ी : वही पृष्ठ 142-43)

इस कविता को इस देश की श्रम-संस्कृति की निगाह से जब देखेंगे तो लगेगा कि यह कविता वाकई क्या कहना चाहती है, पर यह महज श्रम संस्कृति की ही कविता नहीं है बल्कि जीवन में आत्मनिर्भर कार्य-संस्कृति की प्रतीक है। एक दिन विकास के सारे मॉडल जब ध्वस्त हो जाएँगे, तब लोगों को पता चलेगा कि अर्थव्यवस्था में भारतीय श्रम-संस्कृति की आत्मनिर्भरता का क्या मूल्य था।

सन् 80 के बाद जिस तरह बच्चे और लड़कियों पर कविताओं की बाढ़ सी आ गई थी, उस दौर से बहुत पहले 1967 में 'बच्चा' शीर्षक कविता लिखकर भगवत ने बाल-श्रम शोषण के विरुद्ध प्रतिवाद किया था। दुर्भाग्यवश इस अनचीन्ही कविता पर कम लोगों की निगाह गई। आठवें दशक के दौर में राजेश जोशी की निगाह जरूर गई जब उन्होंने 'बच्चे काम पर जा रहे हैं' शीर्षक कविता लिखी थी। भगवत की वह कविता देखिए, ''अलख सुबह/ काम पर जाता हुआ बच्चा/ कोहरे में डूबी हुई सड़क/ पार कर रहा है। सड़क जितनी लम्बी है/ उतनी चौड़ी भी है/ सड़क जितनी सूनी है उतनी ही दूनी भी है/ सड़क को यह सब नहीं पता/ और बच्चा/ उसे भी कहाँ पता कि वह/ सड़क पार कर रहा है'' (भगवत रावत, निर्वाचित कविताएँ : पृष्ठ 13)

दरअसल यह श्रम-जीवन में श्रम-शोषण के साथ बचपनविहीन बच्चों की भी कविता है। आजादी के बाद श्रम-संस्कृति से उपजे बच्चों की तादाद जिस कदर बढ़ी है उसे कवि ने बहुत पहले ही भाँप लिया था। भगवत की एक वचन में लिखी गई इस कविता में सड़क वह प्रतीक है-व्यवस्था की, जिस पर चलते हुए देश के नौनिहाल पढ़ने के बजाय सुबह-सुबह काम पर जा रहे हैं।

कहना न होगा कि श्रम-जीवन पर केन्द्रित भगवत की कविताओं का लक्ष्य श्रमजीवी समाज को साहसी बनाना था। उनकी कविताओं में शामिल चरित्र अपने हक की लड़ाई लड़ते दिखते हैं। भले ही वे अपना हक हासिल न कर पाये हों पर लड़ाई जारी रखे हुए हैं। भगवत साहस के कवि इसलिए

भी हैं कि उनके कवि के भीतर जीवन–राग का तत्व प्रधान है। जीवन–जगत के प्रति इतना अनुरागी होना ही भगवत में मानुष प्रेम, समाज–प्रेम और अंततः देशप्रेम का भाव–बोध भरता है। यही भावबोध उन्हें परिवर्तनकामी और विद्रोही बनाता है। 'देश एक राग है' संग्रह की कविताओं में आपको ये सभी तत्व एक साथ मिल जाएँगे। जीवन के शेष वर्षों के दौरान उनकी दो चर्चित रचनाएँ 'दिल्ली' सीरीज की कविताएँ और 'देश एक राग है' इस भावबोध की गवाह हैं। भगवत की ये कविताएँ पाठकों के नाम उनकी आखिरी तहरीर लगती हैं। दिल्ली केन्द्रित कविताओं का आखिरी सच यही है कि आज देश और समाज में सत्ता का वर्चस्व सर्वोपरि है। वर्चस्व के इशारे पर चीजें विकसित अथवा धूल में मिल रही हैं। कवि का मन्तव्य है कि यह तिलिस्म टूटे और राजनीति, समाज, संस्कृति में लोकतांत्रिक शक्तियाँ विकसित हों। भगवत की इस कविता में दिल्ली सिर्फ प्रतीक है। वह दिल्ली भोपाल के अलावा मुम्बई या ऐसे जितने शक्ति–केन्द्र हैं, हो सकते हैं, जैसा कि कवि ने खुद कहा है–'दिल्ली का होने के लिए/दिल्ली का होना जरूरी नहीं है/ दिल्ली में होना भी जरूरी नहीं है/ समझ से काम लें/ तो दिल्ली आपकी हो सकती है/ और होने को दिल्ली भोपाल में हो सकता है'। (कहते हैं कि दिल्ली की है कुछ आबोहवा और–3, पृष्ठ 11)

'देश एक राग है' भगवत की अत्यन्त प्रभावशाली कविता इस अर्थ में है कि जो लोग देश को राष्ट्र बनाना चाहते हैं वे भूल गए हैं कि भारतीय सत्ता के इतिहास में गणराज्यों का क्या हश्र हुआ? लोकतांत्रिक पद्धति वाले इस देश में 'राष्ट्र शब्द पुनरुत्थानवादियों की अवधारणा है जो सामंतों, रजवाड़ों की कोख से पैदा हुई है। भगवत की कविता इसीलिए 'राष्ट्र' शब्द की अवधारणा के विरुद्ध खड़ी है। इस लम्बी कविता में कवि ने देश की अवधारणा के पक्ष में गवाही दी है और कहा है कि सच्चा भारतीय शब्द 'देश' है, राष्ट्र नहीं।

पर 'देश एक राग है' की मीमांसा करते हुए हम भूल जाते हैं कि इस देश में 'गाय' भी एक राग है। जानवरों में सबसे सुन्दर और मानवीय सुख की अनुभूति को जीवंत करने वाली। भगवत की 'गाय' शीर्षक कविता का जिक्र न किया जाय तो उनके कवि–कर्म की मीमांसा के विरुद्ध एक गुस्ताखी होगी। मुझे याद है कि यह कविता जब पहले–पहल प्रकाशित हुई तो जनवादियों की एक टुकड़ी ने दिल्ली में धावा बोल दिया कि यह साम्प्रदायिक

कविता है। कहा गया कि यह भगवत जैसे कवि का क्षरण है। पर सच्चाई यह है कि कविता को समझने की कमनजरी रखने वाले राजनीतिक कार्यकर्ता कविता के मर्म को नहीं समझ पाते। कविता को अभिधा में पढ़ने की आदत अपने यहाँ बहुत पुरानी है, और आज भी कविता इस दृष्टिदोष में फँसी हुई है। मेरी दृष्टि में 'गाय' भगवत की कुछ अत्यंत विलक्षण कविताओं में लिखी गई एक अन्यतम स्त्री-कविता है। भारतीय समाज में 'गाय' के बहाने समाज में स्त्री की नियति का पुनरावलोकन। यह कविता गाय की नियति के साथ स्त्री-नियति को कविता में नत्थी करती हुई उसकी पारिवारिक और सामाजिक नियति की गहरी और मार्मिक पड़ताल करती है–"अक्सर कोई गाय सड़क के बीचोबीच/हमारा रास्ता रोककर खड़ी हो जाती है/ हम उसे पहचानने से इन्कार करते/वह पीछे-पीछे/ हमारे घर न चली आये/वह वर्षों से वैसी ही खड़ी रहती है इंतजार में/खड़े-खड़े गिर जाती है, मर जाती है/ लेकिन उसे कोई पूछने वाला नहीं आता/हमने अपनी मनुष्यता के नशे में/ एक दिन उन्हें अपने घर से हकाल दिया।" ('ऐसी कैसी नींद')

भगवत रावत की कविताओं के 'किस्से अरबों हैं', जिनका मूल्यांकन आने वाली पीढ़ियाँ अपने-अपने नजरिये से करती रहेंगी। यहाँ तो हमने पाठकों के सामने इशारा भर किया है कि वे अपनी पीढ़ी के कितने प्रभावशाली और यशस्वी कवि रहे हैं। आजादी के बाद प्रगतिशील कविता के इतिहास में लोकजीवन को आवाज देने और उनके हक की लड़ाई लड़ने वाले कवियों को जब याद किया जायेगा तो भगवत की कविताएँ हमें बहुत प्यार से पास बुलाएगी और कहेगी–'आओ, बैठो, बोलो तुम्हें क्या चाहिए।' जग से ओझल भगवत की आवाज पुकारेगी, 'मैंने विरासत में जो कुछ लिख छोड़ा है वह सब तुम सबका है।' निश्चय ही प्रगतिशील कविता की परम्परा में भगवत रावत मुक्तिबोध, नागार्जुन, त्रिलोचन, केदारनाथ अग्रवाल और भवानी भाई के काव्यपथ पर अग्रसर एक चमकते हुए मील के पत्थर हैं। पर वे इन कवियों की पाँत में सबसे नजदीक हैं–त्रिलोचन के। आने वाले कल में प्रगतिशील परम्परा और चेतना की कविताएँ इन्हीं से गुजर कर अपना सफर तय कर सकेंगी, ऐसा मेरा विश्वास है।

मुझे अलग से यह कहना है कि भगवत जी से दोस्ती तो मेरी न थी क्योंकि वे मेरे पितृ सदृश थे। पर इतना तो तय था कि मैं जबसे उनके सान्निध्य में आया तबसे उनके अन्तिम समय तक उनका प्रिय पात्र बना

रहा। दिल्ली जीवन और फिर गोरखपुर में फोन पर हमेशा उनकी ताजा कविताओं का पहला श्रोता बनने का सौभाग्य मुझे मिला, जिन्हें मैं अपनी काव्य-रुचि के नाते बेहद पसंद करता हूँ। तय तो यही था कि यह संकलन भगवत जी के जीवनकाल में ही प्रकाशित हो। पर जीवन की आपाधापी और उसकी जद्दोजेहद ने हमें देरी करने के लिए मजबूर कर दिया था। जग से ओझल भगवत जी से क्षमा-याचना करते हुए यह संग्रह उनकी पुण्य-स्मृति में उन्हीं को सौंपता हूँ। कहना चाहिए यदि कवि-पुत्री और समकालीन कविता की प्रखर कवयित्री प्रज्ञा रावत ने इस संचयन को तैयार करने में अपने दुःख की घनीभूत वेदना के बावजूद, बेहिचक सहयोग न किया होता तो शायद इस तरह इस रूप में यह संकलन न आ पाता। उनके प्रति विनम्र आभार।

25 मई, 2014

–अरविन्द त्रिपाठी

अनुक्रम

अश्रु धीरे से गिरा देना

अश्रु धीरे से गिरा देना कहीं जग, जग न जाए,
सिसकियाँ लेने से कहीं हलचल अवनि पर मच न जाए
इसलिए इस नीर को पी लो, दबा लो पीर मन की
देखना खिलते चमन की आँख में आँसू न आये
जल रहे हैं दीप मन्दिर में अकेले शान्त होकर
आह मत लेना कहीं वे क्षीण होकर बुझ न जाएँ

(10 अक्टूबर, 1955, अप्रकाशित)

अपनी बात

उस दिन पेड़ पर बैठी हुई थी सोचती चिड़िया
मैं उस डाल अब घोंसला अपना बनाऊँगी
कि मेरा घोंसला सबसे सुहानी सी जगह होगा
कि जिसको सूर्य भी अपनी जगह से झाँकता होगा
जिसे वह घास के सूखे तृणों से खूब छाएगी
कि अपनी ज़िंदगी में एक पहला घर बनाएगी
उसी घर में कहीं पर एक छोटी-सी जगह होगी
जहाँ पर वह गगन के चहचहाते लाल पालेगी
जहाँ निःस्वार्थ सेवा साधना के दीप बालेगी
यही सब सोचती बैठी हुई थी डाल पर चिड़िया

हृदय की मुक्त साधों को सपन में बाँधती चिड़िया
बड़ी अंजान सी चिड़िया
कि सच ईमान सी चिड़िया
कपट, छल, राग, द्वेषों से रहित
भगवान सी चिड़िया।

(3 अगस्त, 1956, अप्रकाशित)

समुद्र के बारे में (1977 में प्रकाशित)
(1960 से 1975 के बीच लिखी कविताएँ)

आदमी पर

लिखी नहीं जाती अब कविताएँ

दरअस्ल मैं अब
फूल पत्ती दरख्त पहाड़ नदियाँ
जंगल समुद्र
यहाँ तक कि
        कविताओं से हटकर
        सीधा
        आदमी पर आना चाहता हूँ
आदमी
जिसमें समाहित हैं
फूल पत्तियाँ दरख्त पहाड़ नदियाँ
यहाँ तक कि
        धमनियों शिराओं में
        बहते रक्त की तरह
        फैली हैं कविताएँ।

बच्चा

अलखसुबह
काम पर जाता हुआ बच्चा
कोहरे में डूबी हुई सड़क
पार कर रहा है
सड़क जितनी लम्बी है
उतनी चौड़ी भी है
सड़क जितनी सूनी है
उतनी दूनी भी है
सड़क को यह सब नहीं पता
और बच्चा

उसे भी कहाँ पता कि वह
सड़क पार कर रहा है।

भाषा चाहिए

मैं क्या कर सकता था
उस वक्त
उसकी आँखों का
जब वह आया
और अपनी आँखें
मेरे कमरे में
अख़बार की तरह फेंककर
चला गया चुपचाप
उस वक्त ही क्या
मैं कभी भी
क्या कर सकता था
उसकी आँखों का
सिवा इसके कि उन्हें
फड़फड़ाते कैलेंडर पर टाँगकर
उस वक्त की उस तारीख़ वाले
पन्ने को दबा देता

मुझे एक भाषा चाहिए
उसके लिए
नहीं–नहीं
उसकी आँखों के लिए
जो उसकी आँख को आँख कहे
और जिसका अर्थ
सिर्फ़ आँख हो।

कटोरदान

अलमुनियम का वह दो डिब्बों वाला
कटोरदान

बच्चे के हाथ से छूटकर
नहीं गिरता होता सड़क पर
तो यह कैसे पता चलता
कि उसमें
चार रूखी रोटियों के साथ-साथ
प्याज की एक गाँठ
और दो हरी मिरचें भी थीं

नमक शायद
रोटियों के अंदर रहा होगा
और स्वाद
किन्हीं हाथों और किन्हीं आँखों में
ज़रूर रहा होगा

बस इतनी सी ही थी भाषा उसकी
जो अचानक
फूटकर फैल गई थी सड़क पर
यह सोचना
बिल्कुल बेकार था कि उस भाषा में
कविता की
कितनी गुंजाइश थी
या यह कि बच्चा
कटोरदान कहाँ लिये जाता था।

वापसी

खाने की थाली
या बिस्तर की सिलवटों के बीच
वे हमारे सौभाग्य-सुख की
कामना करते-करते
शायद ऊँघने लगी होंगी
जब हम कलारी में
ज़मीन पर पसरकर
अपनी-अपनी पहचान के

तमाम कारण
बगल की पोखर में फेंककर
उठ जाना चाहते थे

हमने सोचा था
इसके बाद
वे हमें लौटा देख
पहले से ज्यादा प्यार करेंगी
बाँहों में भरकर
हमारे माथों पर
एक से चिन्ह अंकित कर देंगी

लेकिन हमारे गिलास
अलग-अलग थे
और हमारी परछाइयाँ
एक दूसरे की आड़ में
काले धब्बे बुन रही थीं
और हम
बिस्तरों पर पहुँच चुकने के बाद भी
उनके लिए लौटे नहीं थे।

समुद्र के बारे में

आँख खुली तो
खुद को समुद्र के किनारे पाया
इसके पहले
मैंने उसे पढ़ा था किताबों में

आँखों में फैले
आसमान की तरह
वह फैला था
आकर्षक
अनंत
मैं उसमें कूद पड़ा

खूबसूरत चुनौती के उत्तर-सा
पर वह
जादुई पानी की तरह
सिमटने लगा
देखते-देखते
दिखने लगी तल की मिट्टी
दरकते-दरकते
वह मुर्दा चेहरों में
तब्दील हो गई
उन चेहरों में एक चेहरा मेरा था

मैं भागते-भागते
किताबों के पास गया
उनके उत्तर के पृष्ठ
गल कर गिर चुके थे
और स्कूलों में
समुद्र के बारे में
वही पढ़ाया जा रहा था
जो कभी
मैंने पढ़ा था।

वह जो हर बात पर

वह जो हर बात पर
बज उठता है
काँसे की तरह
बिखर जाता है फूलों की तरह
हर खुशी पर
हर चोट पर जो
छाती की तरह तन जाता है
बिफर कर
लाल-लाल हो जाता है जो
हर बद्आवाज़ पर

वह यूँही नहीं है
जानता हूँ
जिनसे यह सब कहना चाह रहा हूँ
ये सब के सब
इन पंक्तियों को
महज़ एक कविता कहकर
छुट्टी पा रहे होंगे
और मुझे
मुँह बिचकाकर
कवि कहते हुए
मुझसे बच रहे होंगे

कहाँ लिखी मैंने कविता
वह तो लिखना चाहता था
कुछ और ही
मसलन
तुतली बातों की
जिसे बिना लिखे ही
शायद चला जाना होगा
अपनी ही संवेदना की लय पर
नाचते-नाचते
अपनी धड़कन की
डुगडुगी सुनते-सुनते
ऐसे ही एक दिन
जैसे
और कितने
ऐसे ही चले गए
अपने अंदर ही अंदर
चीख़ते-चीख़ते
कब तक जिया जा सकता है
केवल कुछ लोगों को
खुश देखने के लिए
सारी उम्र

कुछ और लोगों को
खुश करते हुए
जबकि
यह तय हो चुका है
कि अपनी शर्तों पर
कोई भी
सिर्फ मारा जा सकता है।

थक चुकी है वह

इतनी थक चुकी है वह
प्यार उसके बस का नहीं रहा
पैंतीस बरस के
उसके शरीर की तरह
जो पैंतीस बरस-सा नहीं रहा

घर के अंदर
रोज़ सुबह से वह
लड़ती-झगड़ती है बाज़ार से
और बाज़ार में रोज़ शाम
घर ढूँढ़ते-ढूँढ़ते खो जाती है

रोटी बेलते वक्त अक्सर वह
बटन टाँक रही होती है
और कपड़े फींचते वक्त
सुखा रही होती है धूप में
अधपके बाल

फिरकी-सी फिरती रहती है
पगलायी वह
बच्चों को डाँटती-फटकारती
और बिना बच्चों के सूने घर में
बेहद घबरा जाती है

कितना थक चुकी है वह

मैं उसे एक दिन
घुमाने ले जाना चाहता हूँ
बाहर
दूर
घर से बाज़ार से
खाने से कपड़ों से
उसकी असमय उम्र से।

'दी हुई दुनिया' (1981 में प्रकाशित) से
(1976 से 1980 के बीच लिखी कविताएँ)

अभी मुझे जाना है

अभी मुझे जाना है
हवा में उड़ती हुई दुनिया
और धरती के बीच
एक
पतंग उड़ाना है

दम तोड़ती
एक उदास लड़की को
वापस लाने के लिए
लिखना है
          एक ज़रूरी
                    चिट्ठी
बीच रास्ते में
साँस छोड़ बैठे
एक जवान लड़के को
मुझे
बुलाना है

जाना है एक बच्चे के पास
उसके कान में
उसकी उम्र का
एक गाना

गुनगुनाना है

बाज़ार में
सड़क किनारे
धूल खाई सब्जियों के
चेहरे
छूकर देखना है
फैलाना है
गीले कपड़ों को
तार पर
सीली हुई माचिस को
धूप में
सुखाना है
खोलना है
रसोई का दरवाजा
औंधे पड़े मटके में
पानी भरना है

आग जलानी है
बहुत कुछ
बनाना है।

गहरी थकान में

गहरी थकान की
भरपूर आँच में
नस-नस
चटकती देह
किसी फल की तरह
पक रही होती है

रच रही होती है
अंदर ही अंदर
एक संसार
वो संसार

जो जादू की तरह
फैलता है
धीरे-धीरे
सिर से पैर तक
उतरता है
ख़ामोश शब्दों की तरह

अभी कुछ मत बोलो
चुप रहो थोड़ी देर
यह कविता के
देह में रहने का
समय है।

सोने से पहले

पहले ही सो गया होता
सोने से पहले
बिना कुछ सोचे
तो शायद
        नींद आ गई होती
बहुत ज़रूरी नींद
आना चाहिए था उसे मेरे पास
ज़रूरी चीज़ों की तरह

कुछ नहीं सोचना चाहिए था मुझे
इस रात के बारे में
रात में लगातार
        बरसते इस पानी के बारे में
        बरसते पानी में
        बरसते चेहरों के बारे में
सूनी छत ताकते हुए
अँधेरे में
अपने इस लेटे हुए

निचाट अकेले जिस्म के बारे में
नहीं सोचना चाहिए था
कि कैसा लगेगा
जब सड़कें
रात भर मार खाई पीठ
सेंक रही होंगी ख़ामोश
और धरती के अंदर
उतनी ही ख़ामोशी से
पानी
रिसता हुआ
समाता रहेगा
धीरे-धीरे
नहीं सोचना चाहिए था
कि मैं
कहाँ चला जाऊँगा
आस-पास सोते
अपने बच्चों से दूर
कहाँ चले जाएँगे
दोस्त
दोस्तों से दूर
कहाँ बिखरी रह जाएँगी
आस-पास पड़ी किताबें
कहाँ
किन पत्तों पर
काँपती रह जाएँगी
मेरी
सारी कविताएँ।

बिटिया

लगभग चार बरस की बिटिया ने
माँ से
हाथ फैलाते हुए कहा

–दीदी की किताब में
इत्ता बड़ा समुद्र है

माँ ने आश्चर्य जताते हुए कहा
अच्छा!

हाँ
बिटिया ने कहा
देखो मैंने उसमें उँगली डाली
तो भीग गई।

आँच

आँच सिर्फ आँच होती है
न कोई दहकती भट्टी
न कोई लपट
न कोई जलता हुआ जंगल
किसी अलाव की सी आँच की रोशनी में
चेहरे
दिन की रोशनी से भी ज़्यादा
पहचाने जाते हैं।

घिरा हुआ दुखों से

घिरा हुआ दुखों से
जब-जब सोचता हूँ
अपना घर
अपनी दुनिया
और लिखते हुए
जब लिखता हूँ एक शब्द
तुम
तो तुम ही तो होती हो
घर के हर कोने से बोलती हुई
परेशान

टटोलता हुआ उँगलियों से
अपने दुखों के अँधेरे में
जो कुछ उठाता हूँ
अपने आस-पास से
वह तुम्हारा चेहरा ही तो होता है
हर बार
मेरी कमज़ोर
उँगलियों पर सधा

इस समय भी
जब मैं लिख रहा हूँ
तो एक छोटे से बच्चे की तरह
किसी छपे हुए फूल पर
झीना कागज़ रखकर
तुम्हें ही तो उतार रहा हूँ
अपने दुखों में।

उसकी थकान

कोई लम्बी कहानी ही
बयान कर सके शायद
उसकी थकान
जो मुझसे
दो बच्चों की दूरी पर
न जाने कब से
क्या-क्या सिलते-सिलते
हाथों में
सुई धागा लिए हुए ही
सो गई है।

अब मुझे भी

अब मुझे भी
उठकर

अपना चेहरा
धो लेना चाहिए

झुर्रियों जैसे
बेतरतीब
पकते बालों को
नरमाकर
किसी खास अंदाज में
सँवार ही देना चाहिए

मुझे भी
उठ जाना चाहिए
अपनी जगह से
थोड़ा अलग–थलग
किसी दूसरी जगह
बैठ जाने के लिए

लिख ही डालनी चाहिए
कोई किताब
अपने बारे में
गढ़ ही लेने चाहिए
कुछ क़िस्से
विरासत में

छोड़ देना चाहिए
संकोच
मुझे भी
और
चला ही जाना चाहिए
कहीं न कहीं
किसी तरफ न होते हुए
किसी न किसी
तरफ।

उस आदमी से कहो

उस आदमी से कहो
कि वह नीचे उतर आये

इतने ऊपर से
चीज़ों के क़द
छोटे दिखने लगते हैं
पेड़ बौने हो जाते हैं
आदमी
रेंगता दिखाई देता है

ऊपर–ऊपर
कोई रास्ता नहीं होता
और हवा से हवा तक
कहीं पहुँचना नहीं होता
कहो उससे
कि बहस में टेबल ठोंकते रहने
और शब्दों की
फिजूलखर्ची के बजाय
घरेलू दुनिया में उतरकर
बच्चों के लिए
सही नाप का नेकर सिलवाना
जरूरी
तैयारी है

उस आदमी से कहो
कि वह पृथ्वी को
देखे पृथ्वी की तरह
ठोस और विस्तृत
इतने ऊपर से देखते हुए
उसे
छोटा न होने दे।

कैसे बतलाऊँ उन्हें

मैंने कभी उन लोगों के साथ
पेड़ के नीचे पत्थर पर बैठकर
खाना नहीं खाया

कभी उनकी हथेलियों की बट्टों को
अपनी उँगलियों के पोरों पर
महसूस नहीं किया

हमेशा आगे बढ़ गया
उनकी उठती हुई कुदालें देखता
पत्थरों से निकली हुई उनकी चिनगारियों को
कभी अपने जिस्म पर नहीं लिया
ताँगा हाँकते हुए उनके हाथों से
कभी घोड़े की रास
अपने हाथों में नहीं ली

नहीं की जुरअत मैंने कभी
उनके संसार में पहुँचने की

हमेशा देखता रहा रेल की खिड़की से
उन्हें बैलों के साथ जुते
अपना बदन तोड़ते
हँसिए की तेज़ धार से
अपनी उम्र काटते

वे तमाम लोग
जिनके बारे में मैंने लिखी कविता
कैसे बतलाऊँ उन्हें।

चट्टानें

चारों ओर फैली हुई
स्थिर और कठोर चट्टानों की दुनिया के बीच
एक आदमी

झाड़ियों के सूखे डंठल बटोरकर
आग जलाता है

चट्टानों के चेहरे तमतमा जाते हैं
आदमी उन सबसे बेख़बर
टटोलता हुआ अपने आपको
उठता है और उनमें किसी एक पर बैठकर
अपनी दुनिया के लिए
आटा गूँधता है

आग तेज़ होती है
चट्टानें पहली बार अपने सामने
कुछ बनता हुआ देखती हैं

अंत में आदमी
उठकर चल देता है अचानक
उसी तरह बेख़बर
चट्टानें पहली बार अपने बीच से
कुछ गुजरता हुआ
महसूस करती हैं

डर

इतने डरे हुए हैं वे लोग
कि ख़तरे को ख़तरा कहते हुए
जुबान की तरह
खुद लड़खड़ाने लगते हैं

चेहरे की संतुष्ट सुर्ख़ी
पीली पड़ने लगती है
आँखें गोल-गोल घूमती हुई
सूँघने लगती हैं
कि आस-पास
कहीं कोई डर तो नहीं

वे हर लड़ाई में

अपनी हाज़िरी लगवाना चाहते हैं
वे लड़ना चाहते हैं ऐसी लड़ाई
जहाँ लड़ाई सिर्फ एक शब्द हो
घरों में रखी हुई उन चीज़ों की तरह
जो उनका दर्जा बताती हैं

उन लोगों से मिला था मैं कल शाम एक सभा में
सुविधाओं के मारे हुए
वे जुबान की जगह टेपरिकार्ड लाये थे
मुद्दों के बजाय वे पहले
मुद्दों की परिभाषा पर
बहस करना चाहते थे
कोई भी निर्णय लेते-लेते
उन्हें डर था कि कहीं
निर्णय हो तो नहीं गया।

वह माँ ही थी

पुरुष होने के दर्प
और व्यक्तित्व के अहं को
उसने उसी दिन
गन्दे कपड़ों की तरह उतारकर
फेंक दिया था
जिस दिन
अपनी आँखों से
देखी थी उसने
नीले निशान पड़ी
मार खाई
एक नंगी पीठ

वह पीठ माँ की थी
और वह उस समय बच्चा था
इसीलिए तमाम लोगों की भाषा में
वह कुछ कर नहीं सकता था

सिर्फ दीवार पर
अपनी हथेलियों को
या तो पीट सकता था
या हद से हद
कमीज़ की बाँहों से आँखें मलते हुए
उन्हें तर कर सकता था
पर ऐसा कुछ नहीं हुआ
न वह रोया
न दीवार पर
अपनी हथेलियों को पीटा

अगर यह सम्भव था
कि वह उस समय
अपने आपको
अपने सामने
पैदा होते हुए देख सकता
तो ज़रूर
उसी दिन
उसी समय
उसने अपने ही शरीर
और अपनी आत्मा के गर्भ से
जन्म लिया था

उस समय भी
वह माँ ही थी जिसने
एक बार फिर
उसका पैदा होना
महसूस किया था

वह पीठ पर पड़े नीले निशानों की
परवाह किए बिना उठी थी
और उसे ख़ामोश कोने से खींचकर
गर्म सोते की तरह
फूट पड़ी थी

यह पहली बार था जब
पैदा होने पर
बच्चे की नहीं
माँ के रोने की आवाज़ सुनी गई थी
उसी समय उसने तय कर लिया था
कि वह
आदम का बच्चा
हो नहीं सकता
और सारी दुनिया से कह आया था
कि मुझे आदम का बच्चा
मत कहो
और शायद
यही कहते-कहते
वह उसकी गोद में सो गया था।

हुआ कुछ इस तरह (1988 में प्रकाशित) से
(1981-1986 तक की कविताएँ)

प्याज की एक गाँठ

चार रुपए किलो प्याज
आवाज़ लगाई
बशीर भाई ने

मैं चौंका
वे हँसकर बोले
ले जाइए साहब
हफ्ते भर बाद
यही भाव याद आएगा
अल्लाह जाने
यह सिलसिला
कहाँ तक जाएगा

जेब में हाथ डालते हुए

मैंने कहा
आधा किलो

सुनकर बशीर भाई कुछ बोले नहीं
और एक की जगह
आधा किलो तौलते हुए मेरे लिए
ऐसा लगा
जैसे कुछ मुश्किल में पड़ गए
उनकी तराजू का
भारी वाला पलड़ा
हमेशा की तुलना में
आज कुछ कम नीचे झुका

प्याज की एक गाँठ
और उतारें या न उतारें
इस सोच में
उनका हाथ
ग्राहक से रिश्ता तय करता सा
एक क्षण को
हवा में रुका
और आखिरकार
बशीर भाई जीत गए

मैं रास्ते भर
झोले में डाली
प्याज की उस एक गाँठ को
आँखों में लिए-लिए
घर लौटा।

(सितम्बर, 1983)

भरोसा

वह बरतन वाली बाई
बहुत बोलती है

घर-घर में
बरतन झाड़ू पोंछा करते हुए
बात
करती ही रहती है
चाहे कोई सुने न सुने
सभी को
अपनी कथा बताती है

उसके मैले से झोले में
उसकी लड़की की
बहुत पुरानी फोटो है
जब वह लड़की थी
तेरह की या चौदह की
वह कहती है
छह-सात साल पहले
उसके
अपने पापी घरवाले ने
अपने ही गुंडे भाई ने
मिलकर
उसकी लड़की को बेच दिया
वह मरी नहीं

जिससे भी वह यह कहती है
कुछ देर सोचने लगता है
बस इतनी देर ठहरते अब
फिर सब कुछ
चलने लगता है वैसा ही जैसा पहले था

पर बरतन वाली बाई
पिछले सात साल से
कमा-कमा कर
पैसे जोड़ रही है
उसने मन में ठानी है
वह किसी एक दिन

अपने घरवाले को
अपने ही सगे भाई को
बन्द कराएगी

वह सबको बतलाती है
कैसे उसने
थाने में जाकर
रपोट लिखवाई
कैसे झोपड़पट्टी में आने वाले
सारे नेताओं के घर मिलकर आई
कैसे वह
सबसे बड़े पुलिस अफ़सर को
दोनों मुलज़िम के
नाम पते दे आई
कैसे उसने
अखबारों के दफ्तर में
अपनी आँखों के आगे
ख़बर लिखाई
कैसे उसने
मंत्री के बँगले पर ही
उनको अपनी सारी बातें समझाईं
फिर ज़रा पास आकर
कान में धीरे से बतलाती है
कैसे
कुछ जानकार लोगों के ज़रिये
रुपया-पैसा भी
सही जगह दे आई

उसे भरोसा है कि एक दिन
अपराधी पकड़े जाएँगे
उसे भरोसा है कि एक दिन
उसकी लड़की मिल जाएगी
उसे भरोसा है

उसकी लड़की ज़िन्दा है
उसे भरोसा है
उसकी लड़की
अब भी लड़की है।

(सितम्बर, 1985)

भइया आपसे नहीं

भइया
आपसे नहीं
मैं तो ज़रा इन भाई साहब से
कर रहा था बात

तो क्यों भाई साहब
क्या कभी आप
हाथ में झोला लेकर
इतवार की हाट में
सब्ज़ी-भाज़ी खरीदने
निकले हैं घर से
पैदल

क्या कभी
कोई नई सब्ज़ी
सिर्फ़ महँगी होने के कारण
चाहने पर भी
नहीं खरीद पाए हैं आप

क्या कभी
दिया बत्ती लगे
उठती हाट में से
ढेर सारी भाजी
सस्ते भाव खरीदकर
घर लाए हैं आप

धनियाँ पत्ती की दो डगालें

यूँही झोले में डलवाने के लिए
क्या कभी
किसी सब्ज़ी वाले से
आपने पूछे हैं
उसके हाल-चाल

क्या कभी
हाट की भीड़ में
न जाने किसकी गिरी चवन्नी को
चुपचाप बिना धूल झाड़े
अपनी जेब में रखा है आपने

क्या-क्या लेना था
उसमें से हरबार
कुछ न कुछ जान-बूझकर
लेना भूले हैं आप
इतवार की हाट में

क्या कहा
इन सारी बातों में से
आपके साथ
कभी कुछ नहीं हुआ

क्या आपने
कभी किसी सब्ज़ी को
पकने से पहले
उसके
असली धूल भरे रूप में
अपने हाथों से
कभी नहीं छुआ

क्या हाट में
पैरों से उठती धूल
और सब्ज़ी-भाजी की
मिली-जुली गंध को

आप नहीं पहचानते

तो फिर भाई साहब
आप हमारे भाई नहीं
सिर्फ़ साहब हो सकते हैं
सरकार हो सकते हैं
होने को तो आप
हमारे हफ्ते के
सारे दिन हो सकते हैं
हमारा
इतवार
नहीं हो सकते।

(अप्रैल, 1985)

कहाँ गई री अमरीका

मध्य-प्रदेश में छत्तीसगढ़ इलाके की आदिवासी स्त्रियों का नाम 'अमरीका' भी होता है। इस कविता में 'अमरीका' ऐसी ही एक छत्तीसगढ़ की मजदूरिन का नाम है, जिसको सम्बोधित करते हुए कवि ने यह कविता रची है। (सं.)

अमरीका
ओ अमरीका
कहाँ गई री अमरीका

वो देखो
वह बड़े जतन से
सिर पर सोलह ईंटें रखकर
अपनी धुन में
जैसे उजली धूप
बेख़बर
अपने तन से आगे बढ़ती
सीढ़ी चढ़ती
चली आ रही अमरीका
अमरीका

चूना तो ला दे
ईंट उठा दे
गिट्टी भर दे
माल छान दे
कारीगर जो छैल-छबीला
वजह बेवजह
बात-बात पर पास बुलाता
अब के
अपनी कड़ी कठोर आँखें
कसके
एक जमा तो दे
ओ अमरीका

कैरी-कैरी आँखों वाली
भूरे-भूरे बालों वाली
छँटे बदन के अंगों वाली
तेज़ नाक की
खुले कान की
बात-बात पर
हँसते-हँसते
सबकी नज़र ताड़ने वाली
सावधान
चौकन्नी चौकस
कसी कमर की हिम्मत वाली
धोती बाँधे
अमरीका
ओ अमरीका
शीशे में तूने अपना मुँह
कब देखा था
अमरीका

सबसे ज़्यादा भरी तगड़ी
सिर पर लादे

सबसे पहले सबसे आगे
अरी अम्बिका
लोगों के मुँह चढ़-चढ़ कर तू
कब से हो गई
अमरीका

अमरीका
ओ अमरीका
तुझे पता है
कहाँ बसा है अमरीका

सात समन्दर पार
दूर अपने पहाड़ जंगल
नद्दी नालों से
बहुत दूर
अमरीका
बड़ा नाम है अमरीका का
अमरीका की बड़ी शान है
दुनिया भर में
सबसे ऊँचा उसका घर है
दुनिया भर की
सबसे ऊँची हाट वही है
वह दुनिया का
बड़ा साब है

उसके घर में
खाना-पीना
कपड़ा-लत्ता
रुपया-पैसा
जेवर-गहना
माल-ख़जाना
बेहिसाब है

अमरीका

ओ अमरीका
बड़े साब के यहाँ जाएगी
तुझे देख बेहद खुश होंगे
खुश होंगे तो
बेशकीमती
किसी बड़े से बड़े फ्रेम में
तुझे मढ़ा कर
अपना ऊँचा घर सजाएँगे

जैसी है तू
जिस हालत में
बिल्कुल वैसा रखकर तुझको
तेरी अद्‌भुत रहन-सहन के
तेरी सादा चाल-चलन के
भोलेपन के
गीत गाएँगे

अमरीका
ओ अमरीका
तू मत जाना अमरीका
अब तो तेरे लिए
यहीं पर
जगह-जगह है
अमरीका।

(नवम्बर, 1984)

ऐसे घर में

सब कुछ भला-भला
सब तरफ उजियाला
कहीं न कोर-कसर
सब कुछ आला-आला

सब कुछ सुथरा-साफ

सभी कुछ सजा-सजा
बोली बानी मोहक
अक्षर-अक्षर सधा-सधा

सब कुछ सोचा-समझा
सब पहले से तय
ऐसे घर में
जाने क्यों लगता है भय।

(नवम्बर, 1985)

हे बाबा तुलसीदास

(तुलसीदास के एक प्रसिद्ध कवित्त को याद करते हुए)

चोर की चोरी
साहूकारी साहूकार की
दासता दास की
और अफसर की अफसरी

बेईमानी बेईमान की
दरिद्रता स्वाभिनी की
ग़रीब की ग़रीबी
और तस्कर की तस्करी

दिन दूनी रात चौगुनी
फल फूल रही
कमाई कुकरम की
और अजगर की अजगरी

मज़े में हैं यहाँ सब
हे बाबा तुलसीदास
कविताई ससुरी अब
कहाँ जाय का करी।

(अक्टूबर,1983)

समूह गीत

हमने चलती चक्की देखी
हमने सब कुछ पिसते देखा
हमने चूल्हे बुझते देखे
हमने सब कुछ जलते देखा

हमने देखी पीर पराई
हमने देखी फटी बिवाई
हमने सब कुछ रखा ताक पर
हमने ली लम्बी जमुहाई

हमने देखी सूखी आँखें
हमने सब कुछ बहते देखा
कोरे हड्डी के ढाँचों से
हमने तेल निकलते देखा

हमने घोका ज्ञान पुराना
अपने मन का कहना माना
पहले अपनी जेब सँभाली
फिर दी सारे जग को गाली

हमने अपना फर्ज़ निभाया
राष्ट्र-पर्व पर गाना गाया
हिन्दू मुस्लिम सिख ईसाई
आपस में सब भाई-भाई।

(सितम्बर, 1982)

बोल मसीहा

सेवा भावी बाना धारे
मुख पर दामिनी द्युति दमकाए
मानवता की जान बचाने
अंग-अंग आयुध चमकाए
बोल मसीहा
बोल

कि तेरा क्रॉस कहाँ है
दुनिया की सारी भेड़ों ने
अब मिमियाना छोड़ दिया है
गले बँधी घंटी की धुन पर
नीची गरदन डाले गुमसुम
रोना-गाना छोड़ दिया है

दुनिया भर की सारी भेड़ें
दो पैरों पर खड़ी हुई
हाथों को ताने
पूछ रही हैं

हम पर रहम जताने वाले
हमें बनाये रखकर हमसे
अपनी भूख मिटाने वाले
अपने ऊँचे सिंहासन का
सपना हमें दिखाने वाले
सौवीं मंजिल से दुनिया पर
दया-दृष्टि बरसाने वाले
हमें हमारी ही बोली में
हरदम नक़द भुनाने वाले
मेरे आका
ख़ैरख़्वाह
इतना बतला दो
भृकुटि तुम्हारी ढीली
लेकिन बन्दूकें क्यों तनी हुई हैं
ख़तरा क्या सचमुच गहरा है
आँखें किस पर लगी हुई हैं
फौलादी ताना बाना है
फिर भी डरे-डरे से क्यों हो
श्वेत कपोतों के रखवाले
भीतर भरे-भरे से क्यों हो

कुछ तो बोलो

रक्षा-कवचों के भीतर का
दरवाज़ा थोड़ा तो खोलो

दुनिया भर की सारी भेड़ें
अपनी ऊनी गर्दन ताने
पूछ रही हैं
बोल मसीहा
बोल
कि तेरा क्रॉस कहाँ है।

(दिसम्बर, 1981)

मानुस गंध

कहते हैं
चीज़ों को जैसे ही छुआ आदमी ने
उनमें बस गई उसकी गंध

पेड़ों
पहाड़ों
नदियों
समुद्रों
हवाओं
धूप और चाँदनी और
ज़मीन और आसमान के पास
एक बार जाकर तो देखो
सबसे आती है
आदमी की गंध

आदमी ने इन्हें नहीं बनाया
इन सबके बीच
घर बनाया
आग जलाई
फल को उसका स्वाद बताया
पानी को पानी होने का अनुभव कराया
चीज़ों को उनका नाम बताया

पहाड़ों को ऊँचाई
समुद्रों को गहराई
हवा को प्राण
धूप को जीवन
और चाँदनी को
सुखी होने का
मतलब समझाया
देखो उधर
उस गली में
उस मोड़ पर
उस मैदान की तरफ
अपने आसपास
यहाँ-वहाँ
सब तरफ

वे जो बहुत सारे बच्चे
शोर कर रहे हैं
ध्यान से सुनो
कहीं वे पेड़ तो नहीं माँग रहे हैं
पहाड़ नदियाँ समुद्र तो नहीं माँग रहे हैं
हवा धूप चाँदनी तो नहीं माँग रहे हैं
ज़मीन और आसमान तो माँग नहीं रहे हैं

तो
दो
इन्हें यह सब
लाओ
कहीं से भी लाकर दो।

(अगस्त, 1986)

आयुधों के यान पर सवार आ रहा है दाता

धैर्य धरें सज्जन वृन्द
आ रहा है

आ रहा है दाता
अपनी करनी के आख़िरी करिश्मे दिखाता
आयुधों के यान पर सवार
अपनी सब लीलाएँ साथ लिये

अभी-अभी कड़कड़ाकर कहर की तरह
टूटी जो बिजलियाँ
उठे जो अंधड़ तूफान
सब उसी के आने के संकेत हैं
सुनें...सुनें खामोशी से
उसके आने की पदचाप

स्वागत की सारी तैयारियाँ जारी हैं
शुरू कर दिया गया है हवन जगह-जगह
चौराहों-चौराहों उठा दी गई हैं
धर्म की ध्वजाएँ
जगा दिए गए हैं बाजार
उठा दिए हैं भाव
गगनचुम्बी इमारतों में देवदूत
हाथों में लिए खड़े हैं पुष्पहार
दीन दुखी दलितों को
खड़ा कर दिया गया है फुटपाथों पर
आप भी गाते रहें
गाते रहें भजन
करते रहें गुण-गान
भूख प्यास भूलें
त्यागें सब क्षणभंगुर देह-धर्म
आत्मा को ऊपर उठाएँ
इस कठिन समय में
याद करें
स्वामी और सेवक की
मनोहारी कथाएँ

आएँ...आएँ

हजारों लाखों की तादाद में आएँ
देगा वह दर्शन
दर्शन देगा दाता
सब होंगे निहाल
उसके प्रभा-मंडल के स्पर्श से ही
दूर होंगे सब विकार
मनुष्य अपना-अपना असली स्वरूप पहचानेंगे
मुश्किल से मिले इस जन्म को
धन्य मानेंगे
जिसका जो काम है वह करेगा
टूटेंगी नहीं मर्यादाएँ
मृग-जल सम तुच्छ
भौतिक सुख साधन
जिनके पास हैं
रहने दें उन्हीं के पास
धँसती हुई धरती का आर्तनाद
पहुँच चुका है उसके कानों में
प्रभुओं के कार्यों में बाधा पड़ रही है
अशिक्षित असभ्य अधनंगों की भीड़
अश्वमेध यज्ञों में विघ्न डाल रही है
रोके जा रहे हैं साम्राज्यों के घोड़े जगह-जगह
जयकारों की जगह
गूँज रहे हैं अशुभ नारे
जाने जाने को है पृथ्वी रसातल में

पर इस सब पर
ध्यान न दें सज्जन वृन्द
शान्ति धारण करें
समय बलवान है
प्रतीक्षा करें
आ रहा है
आ रहा है दाता

इस बार सातवें आसमान से नहीं
पश्चिमी गोलार्ध से
गरुड़ पर नहीं
आयुधों के यान पर सवार
बाँटता हुआ अपना तेज
आ रहा है
अपनी सब लीलाएँ साथ लिये
(पाठकगण क्षमा करें,
क्षमा करें श्रोतागण
मैं बचबचाकर, देखभाल कर चलने वाला
साधारण सा कवि जानता हूँ अपनी औक़ात।
यकीन करें मैं कविता के घेरे से बाहर
नहीं जाऊँगा। मुझ पर शक़ न करें। सबसे
बनाकर मैंने काटी है अपनी आधी से ज़्यादा ज़िन्दगी।
निश्चिन्त रहें मैं शब्दों को कहीं से
सुलगा नहीं पाऊँगा। बेखटके सुनें प्रवचन
और शान्ति से घर जाएँ।)

तो सुनें सज्जन
ध्यान एकाग्र करें
करें विचार
विचार करें आप कि इस धरा-धाम पर
गिरती हुई मनुष्यता का कारण
गिरे हुए मनुष्यों का
गिरता हुआ आचरण ही है
तो आइये सबसे पहले हम
गिरे हुए लोगों का आचरण सुधारें
समय आ गया है कि हम उन्हें बदलें
उन्हें पेड़ को वृक्ष कहना सिखलाएँ
कहलवाएँ उनसे पानी को जल
आग को अग्नि कहलवाते हुए हमें
पहुँचाना चाहिए उन्हें
भाषा के उस संसार में

जहाँ उनके कल्मष अपने आप
धुल जाएँ

आइये
हम नंगे को
नग्न कहकर उसे ढँक दें
आइये
हम रचें एक ऐसा शोभनीय संसार
जहाँ मनुष्य
ठंड में सिकुड़ते नहीं
शीत में सिहरते हैं
समय आ गया है जब हम
भिखारी को भिक्षुक कहकर
उसका समुचित सम्मान
उसे वापस लौटाएँ

आएँ...आएँ
आप हजारों लाखों की तादाद में आएँ
हमारे इस अखंड भूखंड पर
अपनी-अपनी जातियों
धर्मों और भाषाओं की
पताकाएँ फहराएँ
कि सदियों से चली आती व्यवस्थाओं को
आदमी के अलग-अलग रंगों के
अलग-अलग कामों को
जैसा का तैसा बनाये रखने के लिए
मनुष्यों में श्रेष्ठ मनुष्यों की
पुकार पर
आ रहा है दाता
आ रहा है
अपनी करनी के आखिरी करिश्मे दिखाता
अपनी सब लीलाएँ साथ लिये।

(दिसम्बर, 1981)

साहबान

साहबान

इसमें कोई जा़दू नहीं है
सब हाथों की सफाई है
हुनर का कमाल है

लीजिए
यह रहा आपके सामने
एक भरा–पूरा जवान
मर्द बच्चा
आदमी की औलाद
उम्र पच्चीस वर्ष
कद पाँच फुट चार इंच
सीना छत्तीस
वजन लगभग साठ किलोग्राम
आवाज साफ
आँखें चमकदार
नुकीली नाक
खुले कान
औसत दिमाग़
कुल मिलाकर
एक सचमुच का जवान
आपमें से कोई भी यहाँ आकर इसे देख सकता है
हाथ मिला सकता है बात कर सकता है
फिर भी यकीन न हो तो मैं इसके कपड़े उतार
दिखा सकता हूँ आपको

जी मैं इसे
अपने ही देश के भीड़ भरे आदमियों के जंगल से
पकड़ कर लाया हूँ
यह वहाँ उन तमाम लोगों के बीच आदमियों की तरह
बड़ा हो रहा था

इतना बड़ा हो चुका था कि सपने देख रहा था
सपने देखते हुए यह अकसर मुट्ठियाँ तान रहा था
गुस्सा हो रहा था

हर तरह की तकलीफों में पलता हुआ यह
अपनी दुनिया को बदलना चाह रहा था
जन्मों से चली आती बनी बनाई व्यवस्थाओं को
पलटना चाह रहा था
गरज यह कि यह अदना
आदमी की औलाद
बहुत कुछ करना चाह रहा था

आप सच मानें यह झूठ नहीं बोलता था
हर सच के लिए जान देने को तैयार था
हर न्याय के लिए लड़ने पर आमादा था
बात-बात पर शेर की तरह गुर्राता था
और सबसे मज़े की बात तो यह है साहबान
कि जब कभी मौज में आता था तो बहुत
ऊँची और सुरीली आवाज़ में गाता था

उसका एक घर था
एक मोहल्ला था
एक गाँव था
एक शहर था
एक देश था
वह सबको दिलोजान से प्यार करता था
हर एक के लिए अपनी जान हथेली पर लिये फिरता था

अब अंदाज लगाइए साहबान
कि ऐसे ख़तरनाक आदमजात मर्द बच्चे को
पकड़ पाना कितने जोखिम का काम है
पर आप सब खेल तमाशे के शौकीन
लोगों की खातिर मैंने यह जोखिम उठाया

तो देखिए अब खेल

पहले तालियाँ बजाइए
फिर सावधान हो जाइए
ध्यान रहे कि खेल के बीच कोई आवाज़ न हो
नज़र चूक गई तो खेल समझ में नहीं आएगा
देखिए अब हाथ की सफाई
हुनर का कमाल
आदमी की इस औलाद को मैं
एक बक्से में बन्द करता हूँ
यह बक्सा अपने ही देश की
मशीन का धोखा है
ध्यान से देखें आप
लीजिए
यह मर्द बच्चा
बन्द हो गया
अब मैं इसके ऊपर
अपने हुनर का डंडा घुमाता हूँ
एक
दो
तीन
साहबान
गौर से देखिए
अब मैं बक्सा खोलता हूँ

अरे यह बक्सा तो पहले जैसा ही खाली है
साहबान यह क्या हुआ
अरे कहाँ चला गया रे तू आदम की औलाद
कहाँ गायब हो गया
जरा देखिए साहबान
कहीं आपके आसपास ही तो नहीं बैठा है
छिपकर कम्बख़्त

माफ करें साहबान
सारा खेल गड़बड़ हो गया है
मैं तो आपका मनोरंजन करने यहाँ आया था

भेड़ियों से लेकर कुत्तों तक के सारे करतब
उसे सिखाकर लाया था
मुझे पता नहीं था कि खेल-खेल में
यह दुर्घटना घट जाएगी
और वह इस तरह गायब हो जाएगा
जाते-जाते वह बदमाश
आप सबके नाम
यह चिट्ठी छोड़ गया है
लिखा है
...खेल-तमाशे के शौकीन लोगों
मुझे यहाँ-वहाँ खोजने की कोशिश मत करना
जब आप सब तमाशा देख रहे थे
उस समय मैं बक्से से निकल कर
चुपके से आप सबके अंदर उतर रहा था
मैं क्या करूँ
इसके अलावा कोई और जगह
बची नहीं थी छिपने के लिए

साहबान
जो कुछ होना था हो चुका है
अब आप ख़ामोशी से
अपने-अपने घर जाइए
कभी अकेले में उससे मुलाक़ात हो तो
मुझे ज़रूर
बताइए।

(सितम्बर, 1985)

सुनती हो क्या

मैंने
तेरे मन का रोआँ-रोआँ जाना
तूने
मेरे मन की नस-नस को पहचाना

सुनती हो क्या

तेरे पास न होता यह तन
मेरे पास न होती काया
कैसे जान समझ पाते
इस कठिन उमर तक आते-आते
अपने-तुपने
मन की माया।

(जुलाई, 1984)

यहीं पर

अभी
कुछ देर पहले
यहीं पर तो था
यहीं पर
सब कुछ

तुम्हारा मन
मेरा मन
तुम्हारा रूप
मेरा रंग
सब कुछ
यहीं पर तो था

उठो
दोनों मिलकर
खोजें
मिल जाएगा
आख़िर
कहाँ जाएगा

हमने यहीं कहीं
रख दिया होगा
देखना
जब हम
बेखबर होंगे

तब
अचानक
दिख जाएगा

(अप्रैल, 1986)

सुख के स्वाद की तरह

जब कोई भरा-पूरा क़द्दावर लड़का
आपके अपने ज़वान होते बेटे के
क़द से ऊपर निकलने लगे और
आपका सिर अपने आप ऊपर
उठ जाए

जब बरबस ध्यान खींचने वाली
किसी लड़की की आँखें आपकी
अपनी बढ़ती हुई बेटी की
उत्सुक आँखों से कुछ ज़्यादा कहने लगें
और आप अचानक पहले से कुछ
ज़्यादा बड़े हो जाएँ

जब कोई बिल्कुल नया जोड़ा
रेलवे प्लेटफ़ार्म जैसी भीड़ में भी
दुनिया से बेख़बर हाथ में हाथ डाले
आपके सामने से निकले और आपका मन
यकायक उमग जाए
या कहो कि पुलक से भर जाए
और एक क्षण यानी सचमुच के
एक क्षण बाद आपको याद आये
कि आप गाड़ी के इंतजार में
प्लेटफ़ार्म पर खड़े हैं
तो यह समझिए
कि अब आप सचमुच अन्दर से
फल की तरह पकने लगे हैं
सुख के स्वाद की तरह

सार्थक होने लगे हैं

या यह कि अब आप
किसी मिट्‌टी के बरतन की तरह तपकर
खरे हो रहे हैं
लेकिन न भी कहें ये बातें तो भी अच्छी तरह
समझ रहे हैं आप कि इस तरह
अंदर ही अंदर आप क्या से क्या
हो रहे हैं

दोस्तो
अज़ीजो
मेरी बात को
महज़ भावुकता कहकर
कान से मत उड़ाना
जहाँ कहीं
मिले सुख का यह स्वाद
उसे किसी तरह
बचाकर
घर लाना।

(नवम्बर, 1985)

बुन्देली में चार कविताएँ

ईसुरी और रजऊ के नाम

ईसुरी बुन्देली के जनकवि थे। उनके नाम के साथ 'रजऊ' नाम घनानन्द की 'सुजान' की तरह अपने आप जुड़ जाता है। रजऊ उनकी कविता का पर्याय बन गई। अपनी बोली के इस महान कवि को याद करते हुए बुन्देली में ये कविताएँ उनको और उनकी कविता (रजऊ) को समर्पित हैं (कवि वक्तव्य)

[1]
ईसुर
हम खाँ रजऊ दिखानी।

ऊसई हेरन–हँसन,

ऊसई मीठी बोली-बानी।
ऊसई, अंग-अंग छवि,
जैसी तुमने कई बखानीड्ड
हमने नाम तुमारौ लओ सो,
मनई-मनई अकुलानी।
रै गई धरती कोद हेरतीं,
मुख में आई न बानी॥
हम सोउ ठाँड़े रये कुआ पै,
बिन अँसुआ बिन पानी।
पूछत-पूदरत पतौ कट गई,
तीन दिना जिंदगानी॥

[2]

ईसुर
साँसे सबद तुमारे

की माटी के सिरजे-सँवरे,
किन साँचन के ढारे।
किन हाँतन के पाले-पोसे,
किन पत्तन पै पारे॥
किन ललना के दूध पियाये,
कभऊँ न छीजे हारे।
आँख-कान सौं सूदे उतरें
जाँय रजऊ के द्वारे॥
हेरत-हेरत बाट,
छूट रये हाँतन के लिखना रे।
एक बेर तो आओ ईसुरी,
चलकें गाँव हमारे॥

[3]

रजऊ जू
हम बिपदा के मारे।
बड़े भोर के निगे, और

अब होन चात अँदियारे।
लैबे-दैबे है कुछ नइयाँ,
केवल दास तुमारे॥
पत्तन-पत्तन ढूँढ़ फिरे हम,
पाये न पार तुमारे।
आएँ नहीं पराये,
हम हैं ईसुर के हरकारे॥
जिन आँखन में बसे ईसुरी;
उनकी अलग छटा रे।
उन आँखन के एक बेर तो
खोलो अरथ किवारे॥

[4]

रजऊ जू
हम घामन भये कारे।

जी आभा की करत बड़ाई,
ईसुर जैसे हारे।
देओ छाँयरी अपनी,
जी में फूलें सुकृत हमारे॥
बालापन में हमने मुख से,
जिनके छन्द उचारे।
उनई ईसुरी की हम परजा,
उनई के बोल बिचारे॥
उनकी आन बान सब उनकी,
उनई की मारन मारे।
एई घाम में सूकत राने
जौ लौं खुलें न द्वारे॥

(अप्रैल, 1986)

अम्मा से बातें

अम्मा
मैंने लिखी एक और कविता

कितने बरस हो गए
तुमने पास बैठकर बात नहीं की
तुमको कुछ भी नहीं सुनाया
बचपन में जो कुछ लिखता था
तुम्हें आज भी वैसा का वैसा याद है
सुना-सुना कर तुमको ही तो सीखा लिखना
तुम्हें छोड़कर
कोई भी विश्वास कहाँ करता था
मेरे लिखने का

वे भी कैसे दिन थे अम्मा
जब तक मैं जागा करता था
तुम जगती थीं
सारी-सारी रात
तुम्हें नींद क्यों नहीं आती थी अम्मा
मुझको पढ़ते देख तुम्हें कैसा लगता था
जोड़-जोड़ दुखते
घुटने टखने हाथों से मलते-मलते
तुम क्या-क्या सोचा करती थीं

जब किताब के बीच छिपाकर कागज़
मैं लिखने लगता था कविता
तुम सब कुछ जानते हुए भी
कैसे अनजानी रहती थीं
खामोशी से
मेरे चेहरे पर आती-जाती कविता को
कैसे पढ़ लेती थीं

और अन्त में
तुम ही तो सुनती थीं बड़े ध्यान से
और तुम्हारे चेहरे की रेखाओं से
कितनी जल्दी लग जाता था पता
कौन-सा शब्द
चावलों में कंकड़ सा छिपा पड़ा है

तुमने कागज़-कलम नहीं ली कभी हाथ में
पर कविता को हरदम सही-सही पहचाना
कितने बरस हो गए अम्मा
तब तो मैं बिलकुल लड़का था
कैसी-कैसी तुकें जोड़कर खुश होता था
नया शब्द जो भी मिलता था
नए दोस्त की तरह
खूब उसमें
घुल-मिल जाने की धुन में
पागल सा फिरता रहता था

अब तो मैं शब्दों के मेले के बीच खड़ा हूँ
केवल आवाज़ें ही आवाज़ें बची हुई हैं
कुछ भी साफ-साफ सुन पाना बहुत कठिन है
अब शब्दों के
तौर-तरीके इतने बदल गए हैं
सबने अपने
घर के नाम बदल डाले हैं

सबको भागमभाग मची है
रचना-बसना दूर
एक पल हाथ मिलाना नहीं चाहते
दूर-दूर से ही मिलते हैं
कविता के अन्दर तो आते-आते ऐसे
परेशान से हो जाते हैं
जैसे अपने गाँव-मोहल्ले के
अनपढ़ लोगों के दिख जाने पर
भले आदमी
कटने की कोशिश में
कितना चक्कर खाते

अब दुख को ही ले लो
कैसा चिकना-चुपड़ा भेस बनाए
साधी गई पंक्ति के भीतर सज्जित

सुन्दर सा चेहरा लटकाए
ऐसा लगता है जैसे
तस्वीर खिंचाने खड़ा हुआ हो

सच अम्मा
आजकल शब्दों में
ऐसे दुख का चलन बहुत है
जिसे देखकर लगे
हाय
यह
हमें क्यों नहीं हुआ
तुम्हें याद है अम्मा
जिस दिन ताँगे वाले मम्मा का घोड़ा
मरा
कितनी जल्दी डूब गया था वह दिन
कितनी लम्बी
कितनी गहरी काली रात
हुई थी उस दिन
कितनी रातें
मम्मा
हिलक-हिलक रोया था
कितने दिन तक
तुमसे
कौर तोड़ते नहीं बना था
कितने दिन मैं पढ़ न सका था

उस दिन
ताँगे वाले मम्मा का
घोड़ा नहीं मरा था
सब की आँखें समझ रही थीं
खुली पीठ पर
खाते-खाते चाबुक
मम्मा ने दम तोड़ दिया था

अम्मा वह था अपना दुख
कुँजड़े दर्जी नाई का दुख
धोबी का दुख
बेवा हस्सन की माँ का दुख
मिट्टी के बर्तन वालों का
खपरैलों की छत वालों का
गोबर लिपे घरों का
अपना दुख था
उस दुख की तस्वीर खींचने की
हिम्मत
किसमें थी
अम्मा अब तो दुख
बाज़ार में भी बिकता है
दुख के खरीदार भी बहुत हो गए आजकल
बड़े-बड़े ज्ञानी-ध्यानी तक ले जाते हैं
और जिन्हें
सब कुछ खरीदने की आदत
छुटपन से ही पड़ी हुई है
उसको पहले वे खरीदते हैं
फिर थोड़ा काट-छाँटकर
रंग-रोगन से उसकी चुभती सी आकृति को
दर्शनीय मुद्रा देते हैं
और इस तरह उसे सुरुचि-सम्पन्न बना कर
ड्राइंग रूम या कलादीर्घाओं में लटका कर
अक्सर फुरसत में
शामों को
घंटों बहस किया करते हैं

हाँ अम्मा
सच यही हाल है
ऐसी ही हालत में मैंने
लिखी एक और कविता
कितने बरस हो गए

तुमने पास बैठकर बात नहीं की
तुमको कुछ भी नहीं सुनाया
लिखता तो मैं रहा कुछ न कुछ इन बरसों में
लेकिन हिम्मत नहीं हुई तुम तक आने की
झूठे-सच्चे नए-नए दुख
बढ़ा-चढ़ाकर बतलाने की
बस इतना ही समझो अम्मा
तेरा बेटा बड़ा हो गया
पढ़-लिख कर
अपने पैरों पर खड़ा हो गया
थोड़ा काम जम गया उसका
थोड़ा उसका नाम जम गया
बड़े-बड़ों के पास आ गया
पैसा-धेला हाथ आ गया
गलियारे की
गन्दी नाली की बस्ती से
कूद-फाँद कर
बिजली वाले पंखे वाले
पक्के घर तक दौड़ लगाते
देखो अम्मा
बाल सफेद हो चले उसके

इससे ज़्यादा
इससे हट कर
हो भी क्या सकता था अम्मा
जिस मैली-कुचली
अपढ़ और गन्दी बस्ती में
तुमने अपने मीठे दिन काटे
जिसमें मैंने
अपनी मसें भीगते देखीं
किसी एक दिन
उस बस्ती में
उजली-झक्क-धुली पोशाक पहन कर

हम जाएँगे
लोग हमें पहचानेंगे
पर उतने पास नहीं आएँगे
उनकी ही जैसी बोली में
उनसे जब हम
पूरी बात न कर पाएँगे
उनकी आँखें
दो पल हमको विस्मय से देखेंगी
बस उतनी सी देरी में हम
उन आँखों में कितने ऊपर उठ जाएँगे
इससे ज़्यादा इससे हट कर
हमने क्या सोचा था अम्मा

जिस दिन हमने वह घर छोड़ा
और रेलवे के
नल-बिजली वाले क्वार्टर में
रहने चले गए थे
उस दिन तुमने
वे आवाज़ें नहीं सुनी थीं
जो हर घर से
उठते हुए धुएँ के साथ-साथ
बाहर आई थीं

शायद उनको हम पर
पहले से ही शक था
सबके चेहरे लटक गए थे
सबकी आँखों में
कभी न मिटने वाली दूरी उग आई थी

पर गप्पे कक्का
भड़भड़िया थे
वे आखिर तक चुप रहते
बोल पड़े थे
हमको साले बाबू लोगों से

का मतलब
हम तो
चाट बेचते हैं ठेले पर अलानियाँ
रोज कमाते हैं और रोज खाते हैं
हमको कहीं नहीं जाना है
इसी नीम के नीचे
अपना बाप मरा था
हमको भी मरना है
इसी नीम के नीचे

अम्मा
जबसे हमने वह घर छोड़ा
एक ठौर पर कब रह पाए
कितने शहर चले
कितने घर बदले
लेकिन अम्मा ऐसा क्यों है
सपना अब भी
सिर्फ उसी घर का आता है

वही पड़ोस

गालियों वाली चाची का
और रात के सन्नाटे में
उस घर से ही आती हुई
वही की वही
ऊँची-नीची आवाज़ें
क्या जुबान चलती थी उसकी
कैसे बड़े-बड़े लोगों की पोलें बतलाती थी
कैसे-कैसे लोगों की
दाढ़ी-मूँछें उखाड़ कर उसने
सरेआम
उनके ही दरवाज़ों पर फेंकी
अपने हरे पेड़ जैसे शरीर में
कैसे-कैसे लोगों को उसने पनाह दी

और उन्हीं की कालिख
उनके ही मुँह पर दे मारी
भरे बज़ार में

वह भी क्या औरत थी अम्मा
उसके सिर पर भूत चढ़ा था
सब कुछ तहस-नहस करने का
अपने को भी मिटा डालने का
जुनून उस पर सवार था
उसको था मालूम
एक दिन उसकी बुरी मौत आएगी
इसीलिए अपनी करनी पर
उसको बिलकुल रंज नहीं था
मरते दम तक
वह बकती ही रही गालियाँ
अपनी लकवा लगी देह पर
उसने कभी विवश सी दृष्टि न फेंकी
मरते दम तक
उसने माफ न किया किसी को

अम्मा
वह अपनी
गलीज गन्दी बस्ती की
एक अकेली
मुँह वाली औरत थी
जिसके पास
और तरीका ही क्या था
बदला लेने का

अम्मा मैंने तुमसे कैसे बातें कर लीं
पर करता भी क्या
तुमसे ही तो
सब कुछ कहता आया हूँ
कितने बरस हो गए

तुमसे पास बैठकर बात नहीं की
तुमको कुछ भी नहीं सुनाया

कविताएँ तो बहुत लिखीं
इन बरसों में मैंने
पर इन सब पर
नहीं लिख सका एक शब्द भी
लिखने बैठा जब भी
ऐसा लगा कि उन पर लिख कर
उन्हें बेचने की कोशिश तो नहीं कर रहा
उनकी तकलीफों को मढ़वा कर किसी फ्रेम में
उस पर अपना नाम लिखाने की
कोशिश तो नहीं कर रहा

कितने बरस हो गए
तुमसे पास बैठकर बात नहीं की
तुमको कुछ भी नहीं सुनाया
हाँ अम्मा
वह कविता जो नई लिखी है मैंने
अबकी बार
ज़रूर उसे साथ लाऊँगा।

('हुआ कुछ इस तरह' कविता संग्रह से, 1988)

***'सच पूछो तो'** (1996 में प्रकाशित)*
(1987–1995 तक की कविताएँ)

यह महज कोरा काग़ज़ नहीं

यह महज़ कोरा काग़ज़ नहीं है
इसका रेशा-रेशा मस्तिष्क की शिराओं की तरह जाग्रत है

इस पर लिख रहा है जो उसे लिखना चाहिए
इसलिए कि लिखना ज़रूरी है
इसलिए कि रास्ता और कोई नहीं लिखने के सिवाय

खास कर ऐसे समय में
जब पशुओं के लिए अभयारण्य खोले जा रहे हों
और आदमियों को गिन-गिन कर
निशाना बनाया जा रहा हो

जब अपने काले रंग के लिए आदमी
सारी उम्र जेल में बिताता हो
जब अपने समय के भयानक सच को
नाटक में दिखाता आदमी
बीच सड़क पर मार दिया जाता हो

ऐसे समय में जब डरे हुए स्वार्थी हाथ
आदमी के खून में रँग जाते हैं
तब खून की एक-एक बूँद जो कहती है
उसे लिखा जाना चाहिए

कविता से कहानी से हटकर भी लिखा जाना चाहिए
इसलिए नहीं कि लिखकर अमर होना है
इसलिए कि मर-मर कर लिखना है।

हमने उनके घर देखे

हमने उनके घर देखे
घर के भीतर घर देखे
घर के भी तलघर देखे
हमने उनके
डर देखे।

(28 अगस्त, 1987)

वह तो अच्छा हुआ

नगर की जिस सँकरी-गंदी-गली में फिसलकर
गिरा हुआ बच्चा रो रहा था
उस गली का नाम नगर पालिका में नहीं था
बच्चे के गिर पड़ने से गली और सँकरी हो गई थी

और गंदगी में लिपटे बच्चे को गोद में उठाकर
चुप कराने की हिम्मत किसी में नहीं थी

बच्चे का रोना पैदा करता है दिल में दया
इसलिए इस तरफ लोगों का ध्यान जाना भी जरूरी था
कुछ लोग फुरसत में यह दृश्य दूर से देख रहे थे
और उनके ऐन सामने देश के भविष्य का
सवाल था
पर मुश्किल यह थी कि ऐसे बच्चे
देश का भविष्य बन नहीं सकते थे
और गंदगी फैलने का डर फैल रहा था

यह बात फैलते-फैलते अखबार वालों तक
इस तरह पहुँची कि किसी ने नगर की
सँकरी-गंदी-गली में रोता हुआ बच्चा छोड़ दिया है
सौभाग्य से उन दिनों नगर में दूरदर्शन नहीं था
संयोग यह भी था कि उसी समय राजधानी में
देश के प्रथम नागरिक का शपथ समारोह था
वह तो अच्छा हुआ कि इसी बीच बच्चे की माँ
बीड़ी बनाते-बनाते कचरा फेंकने बाहर आई
और बच्चे को दो झापड़ रसीद कर
खींचती हुई ले गई घर के अंदर
वरना...?

सभ्यता और संस्कृति

(पाँचवीं कक्षा के लिए समाजविज्ञान का एक पाठ)

सभ्य आदमी समूह में मिलकर नहीं गाते
समूह में मिलकर नहीं नाचते
समूह में मिलकर समय नहीं गँवाते
सभ्य आदमी अकेले रहना पसन्द करते हैं
सभ्य आदमी समूहों में नहीं पाये जाते

पिछड़े हुए लोग समूहों में मिलकर गाते हैं

समूहों में मिलकर नाचते हैं
समूहों में मिलकर समय बिताते हैं
पिछड़े हुए लोग समूहों में पाये जाते हैं

पिछड़े हुए लोग सभ्य आदमियों के लिए विज्ञापन होते हैं
वे उनके घरों की सजावट के लिए
सुन्दर-सुन्दर वस्तुएँ बनाते हैं
अब पिछड़े हुए लोग समूहों में नाचते-गाते हैं
तो सभ्य आदमी उन्हें देख-देखकर तालियाँ बजाते हैं

पिछड़े हुए लोग पुश्त-पुश्त
संस्कृति के वृक्षों की रखवाली करते हैं
सभ्य लोग संस्कृति के पके हुए फल खाते हैं

सभी जानते हैं
सभ्यता सभ्य लोगों से जानी जाती है
और सभ्य लोग पिछड़े हुए लोगों से जाने जाते हैं
इस तरह सभ्यता और संस्कृति के हित में
दोनों को अलग-अलग बनाए रखना
देश की विवशता है।

(20 अगस्त, 1988)

सोच रही है गंगाबाई

सिर्फ एक ही बेटा है गंगाबाई का
छोड़ गया था बाप ज़रा सा उसे गोद में
कैसे काटी फूँक-फूँक बच-बचाकर
अपनी कठिन उमर गंगाबाई ने
वही जानती

बरतन-झाड़ू-पोंछा करके
किसी तरह बेटे को दसवाँ पास कराया
पर जब से उसका बेटा लग गया काम से
सबके चेहरे बदल गए हैं

गंगाबाई का लड़का अब

जब पैन्ट और बुश्शर्ट पहनकर
बालों में अच्छे से कंघा-वंघा करके
कार चलाता है सरकारी
तो पड़ोस के लोगों की आँखें
ऐसे जलने लगती हैं जैसे
सरकारी गाड़ी दहेज में घर आई हो

सारे लोग मोहल्ले भर के
मन ही मन ऐसे रहते हैं जैसे
गंगाबाई ने कोई अपराध किया हो
लड़का भी कुछ अकड़ैलू है
सबसे अलग-अलग रहता है
सभी जगह कहता फिरता है
उसे नहीं परवाह किसी की

गंगाबाई नहीं चाहती उसके बेटे को
लगे किसी की नज़र-बद्दुआ
अब तक जैसे सबसे मिल-जुलकर
रहती आई गंगाबाई
गंगाबाई वही चाहती
लेकिन जिस दिन से उसके बेटे ने
साफ कह दिया
अम्मा, अब तू कभी किसी साले के घर का
झाड़ू-पोंछा नहीं करेगी
घर बैठेगी आखिर मेरी भी इज़्ज़त है
बस, उस दिन से उसके
पास, पड़ोस, जात-बिरादरी वाले मुँह बिचकाकर
आपस में गंगाबाई को
कहने लगे गंगा महारानी

अब महारानी जैसी गाली सुनकर
गंगाबाई इतना खौली...इतना खौली
कि आखिर में उसने भी कह डाला
हा...हूँ महारानी
पर उस दिन से

उसके मन को चैन नहीं है
मन ही मन, बड़-बड़-बड़-बड़ करती रहती है
और इधर बंगाबाई ने जब से
सभी घरों का झाड़ू-पोंछा छोड़ दिया है
बड़े घरों की सभी औरतें
जब-जब जुटती हैं दुपहर में
अक्सर गंगाबाई की चर्चा करने लगती हैं
कोई कहती
छोटी जात ज़रा में कितना इतरा जाती
कोई कहती
गंगाबाई ने ही एक अनोखा
श्रवणकुमार जना है

सोच रही है गंगाबाई
उसके लोगों की आँखों में
खटक रहा क्यों उसका बेटा
ऊपर वालों की आँखों में
खटक रहा क्यों उसका बेटा
दोनों की दोनों आँखों में
खटक रहा क्यों उसका बेटा
दोनों की दोनों आँखों में
खटक रहा क्यों उसका बेटा

किससे बोले गंगाबाई
किसको अपना दुख बतलाये
उसने कभी नहीं सोचा था
ऐसा दिन भी आ सकता है
उसने ऐसी क्या गलती की
सोच रही है गंगाबाई।

कचरा बीनने वाली लड़कियाँ

आपने अपने शहर में भी
जरूर देखी होंगी

कचरा बीनने वाली लड़कियाँ

मोहल्ले भर के कूड़े के ढेर पर
चौपायों सी चलती-फिरती
कचरे में अपने आप पैदा हो गई
नहीं लगतीं
ये कचरा बीनने वाली लड़कियाँ?

जगह-जगह फटे
अपने कपड़ों जैसे टाट के बोरे में
भरती हैं वे बीन-बीन कर
हमारे आपके रद्द किए कागज़ के टुकड़े
टूटे-टूटे टीन और प्लास्टिक के डिब्बे

जब कोई छपा हुआ फोटू
या साबुत डिब्बा मिल जाता है उन्हें
तो वे रख देती हैं अलग सँभालकर
और उस समय तो आप
उन्हें देख नहीं सकते जब वे
कचरे में से जाने क्या उठाकर
चुपचाप मुँह में रख लेती हैं

अपने आस-पास
घूमते सुअरों के बीच कैसी लगती हैं
ये कचरा बीनने वाली लड़कियाँ?

यह सवाल
समाजशास्त्र के कोर्स के बाहर का है
और सौन्दर्यशास्त्र उनके लिए
अभी बना नहीं
हाँ, आजकल कलात्मक फोटोग्राफी के लिए
मसाला जरूर हो जाती हैं
ये कचरा बीनने वाली लड़कियाँ

अपनी त्वचा पर
कालिख की परतों पर परतें चढ़ाती

बालों को जट-जूटों की तरह
फैलाती-बढ़ाती
बिना शरम-लिहाज़
शरीर को चाहे जहाँ खुजलाती
पसीने और पानी के छींटों से बनी
मैल की लकीरों वाले चेहरे पर
पीले दाँतों से
न जाने किसको मुँह चिढ़ाती
आठ-नौ बरस से
बीस-पच्चीस तक की उमर की
पता नहीं कब कैसे
किस कूड़े घर से
अपने पेट में
बच्चे तक उठा ले आती हैं
ये कचरा बीनने वाली लड़कियाँ

मर तो चुकी थीं सारी की सारी
चौरासी की गैस में
अब किससे पूछें
फिर कहाँ से उग आई हैं
ये कचरा बीनने वाली लड़कियाँ?

किसी रजिस्टर में इनका नाम नहीं लिखा
ढूँढ़ने पर भी इनके बाप का पता नहीं मिलता
इनका कहीं कोई भाई नहीं दिखता
यहाँ तक कि खुद की
अपनी माँ होती हैं
ये कचरा बीनने वाली लड़कियाँ।

(1 दिसम्बर, 1988)

अतिथि कथा

उस दिन
अचानक आ गए कल्लू के जजमान

ठीक ठिये पर ही जा पहुँचे जहाँ
कल्लू और रामा
करते थे सफाई
पहाड़ी के नीचे वाली
कलारी के पास

अब ऐसे में क्या करता कल्लू
उसने तुरन्त अपनी पगड़ी उतार
जजमान के पाँवों से लगाई
फिर गले मिले
दोनों समधी

देखा रामा ने दूर से
तो डलिया-झाड़ू वहीं रख पहुँची पास
घूँघट किया समधी को
पूछी बेटी-जमाई की
कुसलात

फिर कलारी के पास चट्टान पर बैठे तीनों जने
बैठ गए आसपास दोनों घर दोनों गाँव
दोनों परिवार
दोनों समधी आमने-सामने
और लाज-शरम की आड़ में
बगल की तरफ रामा
कल्लू ने बीड़ी सुलगाई
दाहिनी कोहनी को हाथ लगा आदर से
जजमान को गहाई

बस, इतने में
रामा पता नहीं कहाँ गई
पता नहीं कहाँ से क्या-क्या प्रबन्ध किया उसने
कि थोड़ी देर बाद एक हाथ में चना-मुरमुरा-खारे की पुड़िया
दूसरे हाथ में गरम-गरम
भजिए-मुंगोड़े लिए हुए आई

और फिर फैलाकर अखबार का कागज़
बिछा दिए उसने चट्टान पर जितने हो सकते थे
सारे पकवान
थोड़ी ही देर में
मछली बेचने वाला भोई का लड़का
लाकर रख गया उनके सामने
तीन गिलास और गुलाब की अद्धी
जैसे सचमुच का
सम्मान

तीनों ने शिकवों–शिकायतों
रिश्तों–नातों की जन्म–जन्मांतरों की
मर्म भरी कथाओं के साथ
खाली की अद्धी गुलाब की
खूब–खूब हिले–जुले तीनों जने

तीनों ने खूब–खूब कसमें खाई
बात–बात पर दी गई भगवान की दुहाई
ऐसी बही तिरबेनी प्रेम की
कि बिसर गई पिछले भूलें–चूकें
बह गया सारा दुख
धुल गया सारा मैल
सार मलाल
जनम सफल हुआ
बन गए बिगड़े काज

कल्लू ने समधी को खिलाया पान
एक साथ के लिए बँधवा दिया
फिर बस में बिठाया
बस चलने को हुई तो तीनों के गले भरे हुए थे
बस के हिलते ही जजमान ने भारी आवाज़ में कहा
हमाये मन में कौनऊँ मैल नइयाँ
आनन्द से रहियौ
आप लोगन ने खूब रिस्तेदारी निभाई

प्रिय पाठको
इस तरह उस दिन भोपाल नगर में पहाड़ी के नीचे
कलारी के पास वाली चट्टान पर हुआ शानदार स्वागत
कल्लू के जजमान का
कार्यक्रम समाप्त होते-होते शाम हो चुकी थी
अँधेरा घिर आया था
चाँद-तारे और वनस्पतियाँ साक्षी हैं
देवता यह दृश्य ईर्ष्या से देख रहे थे
और आकाश से
फूल नहीं बरसा रहे थे

(2 मार्च, 1989)

सफल आदमी

सफल आदमी के चेहरे पर
उसकी उम्र की जगह लिखा होता है
सफल आदमी
वह नायक बनकर निकलता है अपने बचपन से
और यद करता है उन्हें
जो पड़े रह गए वहीं के वहीं
कि एक ही निकल पाया ऊपर
केवल अपने बलबूते पर

वह अक्सर सोचता है उन चीज़ों के बारे में
जिन्हें होना चाहिए था केवल उसके जीवन में
वह उस दौड़ में कभी शामिल नहीं होता
जहाँ पराजय का सुख होता है

सफल आदमी में इतनी प्रतिभा होती है
कि वह चाहता तो जो वह है
उसके अलावा
कुछ और भी हो सकता था
लेकिन वह ऐसा कुछ नहीं होता
वह केवल एक सफल आदमी होता है

सफल आदमी के बारे में
हम सब कुछ जानते हैं
केवल उसका दुख नहीं जान पाते।

(27 अप्रैल 1990)

ऐसी भाषा

सारी उम्र बच्चों को पढ़ाई भाषा
और विदा करते समय उन्हें
पास में नहीं था एक ऐसा शब्द
जिसे देकर कह सकता कि लो
इसे सँभाल कर रखना
यह संकट के समय काम आएगा
या कि यह तुम्हें शर्मिन्दगी से बचाएगा
या कि यह तुम्हें गिरने से रोकेगा
या कि ज़रूरत पड़ने पर यह तम्हें टोकेगा
या कि तुम इसके सहारे किसी भी नीचता का सामना कर सकोगे
या इतना ही कि कभी-कभी तुम इससे अपना खालीपन भर सकोगे
या किया यह शब्द ज़मीन की मिट्‌टी का टुकड़ा है
या कि यह शब्द दो जून की रोटी से बड़ा है
कुछ भी नहीं था मेरे पास
कुछ भी नहीं है-यह तक कह सकने की
भाषा न थी।

(18 अप्रैल, 1994)

इन दिनों

इन दिनों जब सब कुछ खुल गया है
खुल गए सारे के सारे भेद
सारे तटबंध
सारे क्रिया-व्यापार
तब यह कौन किसको जड़ों की ओर लिए जा रहा है

यह जानते हुए कि सबने अपने-अपने कपड़े उतार दिये हैं

तब यह कौन किसके लिए लाज से मरा जा रहा है
जब सबके पास अपने-अपने आईने हैं
तब यह कौन किसकी आत्मा को दर्पण दिखा रहा है
दिल हो दिमाग हो या खून
जब जमता जा रहा है सब कुछ
तब यह कौन किसके लिए बर्फ की तरह पिघला जा रहा है

काटे जा चुके जंगलों के बीच
पूछ रहा हूँ कि जब
छिप गए हैं सब अपनी-अनी खोह में
तब यह कोन किसको बचाने की गुहार लगा रहा है

रोशनी कम हो गई है मेरी आँखों की
कोई देखकर बताये
कोई आग का दरिया पार करता हुआ
आ रहा है?

(27 अक्टूबर, 1995)

जो भी खुली जगह देती हैं दिखाई

जो भी खुली जगह दिखाई देती है कहीं
कुछ दिनों बाद निकलो वहाँ से तो पता चलता है
उस जगह भी खुल गई है कोई
दुकान

कैसा लगता है जब बहुत दिनों बाद मिलने की
गहरी इच्छा लिए आप किसी दोस्त के
घर जाएँ और घर की जगह पाएँ
दुकान

सोचा नहीं था कभी इतना कुछ बिकने को है
हाथ मिलाती हथेलियों के बीच की खाली जगह
से लेकर पृथ्वी के चारों ओर फैले अंतरिक्ष तक
क्या सचमुच
इतना कुछ बिकने को है?

(3 दिसम्बर, 1986)

गिरना

मंज़िल दर मंज़िल ऊपर उठता यह मकान
और कितना नीचे गिरेगा
और कितना गिरेगा
मोहल्ले से भाग कर गया
ऊपर-ऊपर उड़ता वह आदमी

कच्ची गली के मोड़ पर
अँधेरे में खम्भे पर टिमटिमाते रहने वाला
वह एक बल्ब भी गिर गया

वह जो पेड़ था नीम का
सबके बीचोंबीच कहने-सुनने को
कल वह भी हवा के एक झोंके से गिरा
भर जवानी में जिससे मैंने खींचा था
जी भर कर पानी
वह कुआँ भी खारा हुआ

दोस्त जिसकी तस्वीर लगाई थी
अपने एलबम में
खुद-ब-खुद निकलकर बाहर गिर गईं
इतना गिर गया मेरा दुश्मन
मेरी झूठी तारीफें करने लगा
कितने बरस बीत गए देखे-सुने बिना
कि कहीं कोई
ठोकर खाकर गिरा।

(24 जनवरी, 1992)

नफ़रत और सन्देह के इस बयाबाँ में

नफ़रत और सन्देह के इस बयाबाँ में
चीजें सारी वापस चली गई हैं अपने-अपने में

घाटियों में वापस चले गए अच्छी हवा के झोंके
पानी में वापस चली गईं उसकी हिलोरें

फूलों में वापस चली गईं उनकी खुशबुएँ
कंठों में वापस चली गईं जानी–पहचानी आवाज़ें
गरज़ कि धरती के भीतर
वापस चला गया पेड़ का मन
और दिखने को दिख रहा ऊपर–ऊपर

कोई सुने
कि चीज़ों का इस हद तक अपने में चला जाना अशुभ है
इसलिए इस समय जिसके पास जो हो
उसे लेकर बाहर आए इसी वक्त
और चीज़ों को वहाँ तक तो पहुँचाए
जहाँ से वे फैलना शुरू होती हैं

ऐसे समय में
एक कवि के पास क्या हो सकता है काग़ज़ और कलम के सिवाय
जिस पर हर बार लिखना चाहता है वह एक चिट्ठी
एक बेहद ज़रूरी आदिम चिट्ठी
जिसे कोई किसी के पास पहुँचाने नहीं जाता
पर न जाने क्यों भरोसा रहता है
कि लिख गई
तो पहुँच ज़रूर जाती है!

(13 अप्रैल, 1990)

करुणा

सूरज के ताप में कहीं कोई कमी नहीं
न चन्द्रमा की ठंडक में
लेकिन हवा और पानी में ज़रूर कुछ ऐसा हुआ है
कि दुनिया में
करुणा की कमी पड़ गई है

इतनी कम पड़ गई है करुणा कि बर्फ पिघल नहीं रही
नदियाँ बह नहीं रहीं झरने झर नहीं रहे
चिड़ियाँ गा नहीं रहीं गाएँ रँभा नहीं रहीं

कहीं पानी का कोई ऐसा पारदर्शी टुकड़ा नहीं
कि आदमी उसमें अपना चेहरा देख सके
और उसमें तैरते बादल के टुकड़े से उसे धो-पोंछ सके

दरअसल पानी से होकर देखो
तभी दुनिया पानीदार रहती है
उसमें पानी के गुण समा जाते हैं
वरना कोरी आँखों से कौन कितना देख पाता है

पता नहीं
आने वाले लोगों को दुनिया कैसी चाहिए
कैसी हवा कैसा पानी चाहिए
पर इतना तो तय है
कि इस समय दुनिया को
ढेर सारी करुणा चाहिए।

(20 अप्रैल, 1990)

केवल कुछ करने के लिए

केवल कुछ करने के लिए
मैंने अलग से कुछ नहीं किया
कभी कुछ नहीं अलग से

दुनिया में रहने के लिए दुनिया से लड़ते-झगड़ते
प्रेम करते, बोलते-बतियाते
समझाते-बुझाते जो कुछ हो गया
बस, वही हुआ

ले जाओ मेरे सामने से यह बिसात
मैं खेल नहीं करता
मुझे खेलना नहीं आता
हाँ, मैं दौड़ा-भागा, कूदा-उछला, तैरा-डूबा
लेकिन मैंने न कोई मानक बनाया न तोड़ा
मैं न योद्धा हूँ
न खिलाड़ी

मैं न जीता हूँ न हारा

अपनी इस ढलती उम्र में भी नहीं जाऊँगा
महज़ हवाखोरी के लिए टहलने
सुबह-शाम बाहर
कितने सारे काम पड़े हैं करने को
इन्हें करते-करते जो कुछ हो जाएगा
वही मेरे साथ जाएगा
केवल कुछ करने के लिए अलग से
कविता भी नहीं करूँगा।

(3 नवम्बर, 1992)

बीते दिन

उड़ते चले गए पक्षियों के झुंड
खाली करते आकाश
खिंची रह गई बस
पंखों की रेखाएँ!

(20 जनवरी, 1992)

सच पूछो तो

एक ऐसी जगह खोजता रहा जीवन भर
जहाँ बैठकर बेफिक्री से
लिख पाता एक नाम
और कोई यह न पूछता
यह किसका नाम है

हरदम चक्कर खाते चौबीसों घंटों में से
इतना सा समय चाहिए था मुझे
जिसे आसानी से छिपाकर रख लेता
अपनी जेब में
और कोई यह न पूछता
उसे मैंने कैसे किया खर्च

भाषा से पटी पड़ी दुनिया में
कुछ ऐसे शब्द चाहिए थे मुझे जिन्हें
किसी अबोध लड़की के हाथों
गोबर-लिपी ज़मीन पर
चौक की तरह पूर देता
और कोई यह न पूछता
इसका है क्या अर्थ

सच पूछो तो
इतने से कामों के लिए आया था पृथ्वी पर
और भागता रहा यहाँ से वहाँ।

(20 जुलाई, 1992)

न जाने कब से

न जाने कब से मिलना चाह रहा हूँ एक आदमी से
जिससे मिलते ही गले लगने पर
दोनों की कमीज़ की जेब में रखे चश्मों के फ्रेम
दबकर सचमुच टूट जाएँगे

बातें करते-करते बीत जाएगी सारी रात
और खाना रखा-रखा ठंडा हो जाएगा

न जाने कब से लिखना चाह रहा हूँ एक लम्बी चिट्ठी
जिसका कोई ओर-छोर नहीं होगा
न जाने क्या-क्या नहीं लिखा होगा उसमें
और अन्त में
कुछ भी न लिख पाने का अफसोस लिखा होगा

न जाने कब से जाना चाह रहा हूँ एक ऐसी जगह
जहाँ पहुँचते ही बोल पड़े सारी जगह
अच्छा हुआ तुम आ गए
बड़ी देर लगा दी पर अच्छा हुआ आ गए।

(22 अप्रैल, 1987)

किसी तरह दिखता भर रहे थोड़ा-सा आसमान

किसी तरह दिखता भर रहे थोड़ा-सा आसमान
तो घर का छोटा-सा कमरा भी बड़ा हो जाता है
न जाने कहाँ-कहाँ से इतनी जगह निकल आती है
कि दो-चार थके-हारे और आसानी से समा जाएँ
भले ही कई बार हाथों-पैरों को उलाँघ कर निकलना पड़े
लेकिन कोई किसी से न टकराए

जब रहता है कमरे के भीतर थोड़ा-सा आसमान
तो कमरे का दिल आसमान हो जाता है
वरना कितना मुश्किल होता है बचा पाना
अपनी कविता-भर जान!

(9 सितम्बर, 1987)

छाया

आकाश में उड़ते हुए पक्षी को भी
छाया चाहिए

मुझे भी
इतनी-सी कि ज़रूरत पड़ने पर
थोड़ी-सी छाया
कर सकूँ।

(11 मई, 1990)

हाल

जिस दरवाज़े को एक बार
खटखटाने की उम्मीद में
पका लिए मैंने अपने बाल
उसकी दहलीज़ तक
जाना हुआ मुहाल

(15 जुलाई, 1987)

यह रात

इतनी गहरी
इतनी काली
इतनी लम्बी
यह रात
कि इतने दिनों बाद भी
सूरज नहीं निकला

आसमान की
सारी खिड़कियाँ-दरवाज़े
बुरी तरह भिंचकर बन्द हो गए
रोशनी का कोई सोता
ज़मीन तक नहीं आता

ऐसे हालात में
कौन होगा जो पूरब की तरफ
मुँह करके
दे रहा होगा
सूर्य को अर्घ्य

कौन होगा
जो पश्चिम की तरफ
मुँह करके
अता कर रहा होगा
नमाज़?

(20 जनवरी, 1993)

वह भी

न जाने कब से बैठा हूँ दरवाज़ा खोलकर
कमरे में अकेला
बार-बार देखता बाहर
कि वह न पहचान पाये
तो मैं ही पहचान लूँ उसे पहले

कहीं वह भी न निकल जाए
सड़क से गुजरते उसी तरह के
और लोगों की तरह
और मैं बैठा का बैठा रह जाऊँ

क्या सचमुच ऐसा वक्त आ गया है
कि बिना जान-पहचान हुए
कोई किसी को नहीं पहचान पाए

वह देखो
वह रुका
शायद उसकी रबड़ की चप्पल में
कोई कंकड़ फँस गया है जिसे वह
झुककर निकाल रहा है
हो सकता है यही हो वह जो निकला हो घर से
सिर्फ मिलने किसी से
इधर देखें तो उसकी आँखों से
पक्का पता लग जाएगा
सोचता हूँ
उठकर उसे दे ही दूँ आवाज़
अरे भाई...
मैं यहाँ हूँ...
यह रहा मेरा घर...
मैं कब से बैठा हूँ दरवाज़ा खोले

और मैं सोचता ही रह जाता हूँ
सोचने और आवाज़ देने के
बीच का वक्त मैंने गँवा दिया।

(29 अप्रैल, 1993)

तुम्हारे आने से

मैं तो जाने-जाने को ही था
उतर ही चुका था सीढ़ियाँ

अचानक तुम्हारे आने ने लौटाया

तुमने देखा इस तरह जैसे हारे हुए किसी क्षण में अचानक
कोई चुपचाप डाल दे बाँह में बाँह

कैसा लगता है
जब कहीं कुछ दिखाई नहीं देता
और अचानक उग आए किसी चेहरे पर
आपकी अपनी पहचान

इतने सर्द मौसम में
यह चमत्कार ही तो है कि किन्हीं दो आँखों की चमक
फूँक देती है ठिठुरती आत्मा में प्राण

कह भी तो नहीं सकता शुक्रिया
यह भी कहूँ किस तरह
तुम्हारे आने ने सचमुच
डाली मुझमें जान।

(7 सितम्बर, 1987)

लौटना

दिन भर की थकान के बाद
घरों की तरफ लौटते हुए लोग
भले लगते हैं

दिन भर की उड़ान के बाद
घोंसलों की तरफ लौटती चिड़ियाँ
सुहानी लगती हैं

लेकिन जब
धर्म की तरफ़ लौटते हैं लोग
इतिहास की तरफ़ लौटते हैं लोग
तो वे ही
धर्म और इतिहास के
हत्यारे बन जाते हैं

ऐसे समय में
सबसे ज्यादा दुखी और परेशान
होते हैं सिर्फ
घरों की तरफ लौटते हुए लोग
घोंसलों की तरफ लौटती हुई
चिड़ियाँ।

(13 मार्च, 1993)

ऐसी कैसी नींद (2004 में प्रकाशित)
(1996-2003 की कविताएँ)

सुनो

सुनो अशोक!
अब मारने वाला नहीं रहा हत्यारा
हत्यारा वह जो बचा नहीं पाया
बचा नहीं पाया और बचा रह गया
फिर रहा मारा-मारा
सिर झुकाए चुपचाप
खोजता लाशों के बीच
अपनी आत्मा

अब वह नहीं रहा
होता था जो मारने वाले से बड़ा
मारने वाले से बड़ा
मुहावरे से भी बाहर हो गया
नहीं अब नहीं कहीं कोई अपराध
नहीं कहीं कोई ग्लानि
कोई पश्चाताप
अब तो पूरा देश हो रहा कलिंग
बदला जा रहा इतिहास
लौट आओ
मत करो अपने किये का
कोई शोक
अशोक

आत्मा का गीत

जीवन अब तक का जिस छन्द में जिया
तुकें तो मिलीं कभी-कभी लेकिन
अर्थ के गहरे कूप का निर्मल जल
झिलमिलाता दिखा
पीने को नहीं मिला

कहने को कहते रहें लोग कुछ भी
अच्छा-बुरा मेरे बारे में लेकिन
क्या-क्या किया क्या कर नहीं पाया
यह सब मुझसे ज़्यादा
किसी और को नहीं पता

मुश्किल से छोड़ते हैं शब्द अपना घरबार
ज़्यादातर बैठे रहते हैं देहरी में ही अड़कर
लेकिन जो बिना बुलाये चल पड़े मेरे साथ
उनके बल पर ही अब तक
नाचता गाता फिरा

बीत गया काया का गुमान धीरे-धीरे
घट के भरे होने का भरम रीत गया
फिर भी है कुछ जो पुकारता है बार-बार
प्यास का घड़ा
फिर भी, फिर भी नहीं भरा

मृत्यु के पार कहीं कोई आकर्षण नहीं
हवा का कोई झोंका, कोई बारिश की बूँद नहीं
रंग नहीं, रूप नहीं, धरती-आकाश नहीं
लेकिन एक बार अर्थ के स्वाति-जल की
एक बूँद मिल जाती
तो इसके बाद मृत्यु से नहीं डरता।

बैलगाड़ी

एक दिन औंधे मुँह गिरेंगे
हवा में धुएँ की लकीर से उड़ते
मारक क्षमता के दंभ में फूले
सारे के सारे वायुयान

एक दिन अपने ही भार से डूबेंगे
अनाप-शनाप माल-असबाब से लदे-फँदे
सारे के सारे समुद्री जहाज़

एक दिन अपनी ही चमक-दमक की
रफ्तार में परेशान सारे के सारे वाहनों के लिए
पृथ्वी पर जगह नहीं रह जाएगी

तब न जाने क्यों लगता है मुझे
अपनी स्वाभाविक गति से चलती हुई
पूरी विनम्रता से
सभ्यता के सारे पाप ढोती हुई
कहीं न कहीं
एक बैलगाड़ी ज़रूर नज़र आएगी

सैकड़ों तेज रफ्तार वाहनों के बीच
जब कभी वह महानगरों की भीड़ में भी
अकेली अलमस्त चाल से चलती दिख जाती है
तो लगता है घर बचा हुआ है

लगता है एक वही तो है
हमारी गतियों का स्वास्तिक चिन्ह
लगता है एक वही है जिस पर बैठा हुआ है
हमारी सभ्यता का आखिरी मनुष्य
एक वही तो है जिसे खींच रहे हैं
मनुष्यता के पुराने भरोसेमंद साथी
दो बैल।

बच्चों के लिए एक कथा

थोड़ा समय निकालकर
सुना सकें तो बच्चों को यह कहानी
ज़रूर सुनाएँ

कुछ दिनों पहले
कुछ लोग हुआ करते थे
वे एक दूसरे के दोस्त कहलाते थे
दोस्त उन्हें कहा जाता था
जो एक ही माँ-बाप की संतान न होते हुए भी
एक ही माँ-बाप की संतानों की तरह रहे आते थे

वे बेरोकटोक एक-दूसरे के घरों में आते-जाते
धीरे-धीरे वे एक-दूसरे के सपनों में भी
आने-जाने लग जाते थे
उनके घरों के दरवाज़े कभी बन्द नहीं होते थे
दरवाज़ों पर ताले तो तभी लगाए जाते थे
जब दुर्भाग्य से घरों में कोई बचता नहीं था
उनके दरवाज़ों पर कोई कॉल बेल नहीं होती थी
वे एक दूसरे को
ज़ोर से आवाज़ लगाकर बुलाते थे
एक दिन उनके बेटे-बेटियाँ भी
इसी तरह एक-दूसरे के दोस्त हो जाते
वह कोई सतयुग नहीं था
उनमें भी लड़ाई-झगड़ा, कहा-सुनी होती थी
घरों में बरतन थे
आपस में टकराते थे
लेकिन वे एक दूसरे के
दोस्त रहे आते थे
ऐसा भी होता कि वे
बरसों एक दूसरे से मिल नहीं पाते
दुनिया-जहान घूमकर जब वे वापस आते
तो एक दूसरे से मिलकर

बच्चों की तरह ही हँसते-ठिलठिलाते थे

यह बात और है कि थकी हुई उस उम्र में
हँसते-हँसते उनकी आँखों में
आँसू भी आ जाते थे
और तब वे पहले से ज़्यादा
खूबसूरत लगते थे।

थोड़ा-सा समय निकालकर
सुना सकें तो बच्चों को
यह कहानी ज़रूर सुनाएँ।

अब ऐसा कोई रास्ता नहीं बचा

ज़्यादा दिन नहीं हुए कुछ दिनों पहले की बात है
एक पंडित श्याम सुन्दर थे

लड़ने पर आते तो भगवान से लड़ जाते थे
उम्र भर चले अपने ही रास्ते पर
नेक नीयत और मेहनत की कड़ी परीक्षाएँ देते रहे
और मरते दम तक हर एक के काम आए

उन दिनों मुहल्ले की गलियों में रोशनी कहाँ होती थी,
पर एक गप्पे-कक्का थे
चाट का ठेला लगाते थे
नित नई गप्पों से ग्राहकों का मन बहलाते थे
आधी रात बाद
खीसे में गल्ले के पैसे डालकर
ठाठ से गाते हुए घर पहुँच जाते थे
बिना किसी से टकराए

एक था रहमान जो सबका दोस्त होता था
बिना गाली दिए किसी को आवाज़ नहीं देता था
जिससे नाराज़ हो जाता उसी से उर्दू बोलने लगता था
कितने दिन बीत गए

उस तरह कोई गाली खाए

सब तरफ सावधानियाँ ही सावधानियाँ
जीभ जल जाए जो सच मुँह से निकल भर जाए
अब ऐसा कोई रास्ता नहीं बचा
कि बिना दहशत, बगैर चोट खाए
कोई घर पहुँच जाए।

ऐसी कैसी नींद

एक-एक पल घटते जाना ऐसे जैसे कद घटता हो
एक-एक कर सबसे कटते जाना ऐसे, जैसे घर आँगन का
कोई छायादार पेड़ कटता हो

यह अनुभव भी कैसा उनके लिए, जिन्होंने
दुनिया भर को सचमुच अपना घर माना हो
बचपन से ही कितना-कितना प्यार किया था
वह तो शायद अब भी वैसा का वैसा हो, लेकिन
सब कुछ इतना बदला, इतना जैसे कुछ भी अपना नहीं
जिसे खूब जाना पहचाना जीवन भर तक
किसी एक दिन पता चले यह वह भी अब तक कितना अनजाना

पकी उम्र तक आते-आते इस जीवन का मर्म जानकर
रिश्तों को तो पहले से, भी ज़्यादा घना-घना होना था
इतना घोर अकेलापन क्या बात हो गई
कुछ तो था जो बहुत ज़रूरी कहीं खो गया
वरना भाषा इतनी अवश तो न थी
कि किसी तक
एक दूसरे के खामोशी से रोने की
आवाज़ नहीं पहुँचा पाएगी

कविता का यह बहुत पुराना रूपक है कि प्यार
कुछ नहीं सिवा इसके कि आग के गोले जैसा
जलते-जलते सिर्फ अकेले चलते जाना, चलते जाना
और किसी दिन थककर चूर-चूर हो जाना

और किसी दिन थककर चूर-चूर हो जाना
निराकार-आकार शेष में घुल-मिल जाना

किन्तु मृत्यु का भय मेरा भय नहीं क्योंकि वह परम सत्य है
मैं तो जग के इस विराट में अपनी दुनिया खोज रहा हूँ
कौन चुराकर उसे ले गया
ऐसी कैसी नींद लग गई।

(1999)

कलियुग में जब

कलियुग में जब दिखाई देने लगें
जगह-जगह तिलकधारी-सतयुगी से चेहरे
तो यह नहीं समझना चाहिए कि सतयुग आ रहा है
इसी तरह जब धर्म से ज़्यादा फहराने लगें
धर्म की ध्वजाएँ तो समझना यह चाहिए कि अब
सचमुच धर्म रसातल में जा रहा है

जब कट्टर और कठोर
अचानक दिखने लगें सहृदय-उदार
मनुष्यता और मानवता के पक्ष में करने लगें
कुछ ज्यादा ही तत्सम भाषा का व्यवहार
तो समझ लेना चाहिए
कोई न कोई नया हथियार बनाया जा रहा है

बाज़ार में खरीदी हुई चीज़ों के साथ
जब दिए जाने लगें
खूबसूरत आकर्षक उपहार
तो रुककर सोचना चाहिए कि अब आपको
किस विधि से ठगा जा रहा है

जब राजा दिखाई देने लगे
कुछ अधिक भावुक, गुणग्राहक, कलावंत
और घर-घर में
होने लगे उसकी उदारता का प्रचार,

तब तो समझ ही जाना चाहिए कि कोई
जघन्य अपराध छिपाया जा रहा है

दोस्तो! चेहरे पर मूँछें ही सब कुछ नहीं कहतीं
चेहरों पर पुती कुटिल शराफत
और हिंसक विनम्र मुद्रा से ही
पता लगा लेना चाहिए
कि हिटलर अभी मरा नहीं ज़िन्दा है
और बाकायदा वापस आ रहा है

उपदेश देना मेरा उद्देश्य नहीं
मैं तो अपने कुछ सच्चे धर्मप्राण मित्रों से कहना चाहता हूँ
कि मैं ही नहीं आप भी गहरे संकट में हैं
और वह दिन-ब-दिन गहराता जा रहा है।

तुतलाने की आवाज़

बहुत दिनों से सुनी नहीं थी तुतलाने की आवाज़

शायद बूढ़े होते जाने का तकाज़ा रहा हो
इसी खातिर मैंने छान मारे
न जाने कितने घर कितने परिवार
न जाने कितने बच्चों को उठाया गोद में
किया जी भरकर उन्हें प्यार पर आ गया हैरत में जब
किसी बच्चे को पाया नहीं तुतलाता
सोचा हो रहा कौन-सा चमत्कार

और माँ-बाप
यह बताते थकते नहीं थे कि उनका बच्चा है होनहार
वह कभी तुतलाया नहीं
पैदा होते ही इतनी साफ थी उसकी जुबान
कि बोलना सीख गया अँगरेज़ी इस तरह
मानो पिछले जन्म में रहा हो वहीं का

इस तरह मैंने जाना कि मेरे देश के होनहार बच्चे

अब बोली-बानियों में तुतलाते नहीं
पेट से ही अंगरेज़ी वर्णमाला और नर्सरी राइम्स
रटकर आते हैं और इशारा पाते ही बिना झिझके
घर आए मेहमान के सामने सुना देते हैं
अन्यथा उनका भावी जीवन
संदिग्ध माना जाता है

उन्हें तुतलाने की फुरसत कहाँ
वे पैदा होते ही जान जाते हैं
एक दिन उन्हें अपनी धरती का अन्न-जल छोड़कर
कहीं और उड़ जाना है
उन्हें अपना जीवन अलग ही बिताना है
वे जानते हैं उन्हें
धूल, मिट्टी, गन्दगी से ऊपर उठना है।

पिछले दिनों देश में पैदा हुए
एक से एक होनहार बच्चे
और मैं हिन्दी में
बच्चों के तुतलाने की आवाज़ सुनने के मोह में
बूढ़ा होता रहा
होनहार बच्चों के माँ-बाप घूमते रहे लन्दन और न्यूयार्क
और मैं लोक भाषाओं की मिठास में डूबा
भारतीय संगीत और कलाओं के गुण गाता
स्वयं को सुरुचि-सम्पन्न-सभ्य नागरिक
समझने के फेर में इस उम्र में भी
सड़कों पर पैदल चलता रहा

लौट रहा था यही सोचता एक दिन दोपहर में
तभी अचानक सुन पड़ी 'बुन्देली' में बच्चे को डाँटती
एक स्त्री की आवाज़ तो चौंक पड़ा और देखा
उसके सिर पर एक भारी सी पोटली थी
एक हाथ में किरमिच का मैला सा झोला
दूसरे हाथ से वह कन्धे से चिपके हुए बच्चे को थामे थी

वह चैत का महीना था

शायद वह चैतुओं के डेरे की तरफ जा रही थी
उसके पीछे-पीछे एक नंग-धड़ंग बच्चा चल रहा था
सड़क तप रही थी
उसके पाँव जल रहे थे, वह कहे जा रहा था
उसे 'ततूरी' लग रही है
मैं जो तुतलाने की आवाज़ सुनने की तलाश में निकला था
सुन नहीं पाया उस बच्चे के तुतलाने की आवाज़
उठा नहीं सका उसे अपनी गोद में और देखता रहा
डामर की सड़क पर जलते हुए
तोतली आवाज़ के नंगे पाँव

घर लौटकर पता नहीं, किसे बचाने के लिए
मैंने लिखी यही कविता, जबकि मैं अपना
लोक और परलोक दोनों ही खो चुका था।

सत्तावन बरस का आदमी

सत्तावन बरस के आदमी से कोई नहीं पूछता
उसके प्रेम के बारे में
कोई नहीं पूछता
रगों में दौड़ती-फिरती उसकी इच्छाओं के बारे में

यहाँ तक कि सत्तावन बरस के दो आदमी जब मिलते हैं
एक दूसरे से तरह-तरह से बस
यही पूछते रहते हैं, अब कितने दिन और हैं

पर सच पूछो तो सत्तावन बरस का हर आदमी
किसी जवान कंधे पर हाथ रख
उसके कान में कुछ फुसफुसाना चाहता है
अक्सर बिना कुछ कहे चुपचाप
उसे समझना
और कुछ समझाना चाहता है
कम से कम उसके पास कहने को
एक सच्ची कहानी होती ही है

सुनाने के लिए एक सुन्दर कविता
और गाने के लिए एक गीत तो होता ही है
जीवन में पीछे छूट गई चीज़ों को वह
अपनी उम्र की पवित्रता में
नए सिरे से पाना चाहता है

एक बार फिर वह उन-उन जगहों पर जाना चाहता है
जो उसकी उम्र के पड़ावों में ख़ामोशी से दर्ज हैं
लेकिन वह जहाँ भी जाता है उसे
साठ के पार की फेसिंग दिखा दी जाती है

और कोई नहीं जानता
कि सत्तावन बरस का आदमी उस समय
कौन सा समन्दर लाँघ रहा होता है।

अकेले में धन्यवाद

जिन लोगों से घिरा रहा जीवन-भर
हरदम जिनके सुख-दुख में जिया-मरा
जिनके लिए मैं और जो मेरे लिए हर मौके पर
रहे अनिवार्य
ऐसा क्यों हुआ
कि साठ की उम्र तक आते-आते भी
बन नहीं सका उनमें से सचमुच का कोई ऐसा रिश्ता
जिसे कहते हुए रिश्ता शब्द छोटा पड़ जाता

जिनसे कुछ बना, उनसे बना इतना अचानक
बिना ज्यादा जाने-पहचाने, बिना ज्यादा रहे-सहे
एक दूसरे के साथ कि उसे
महज संयोग के कुछ और कहा जा नहीं सकता

बेहद अकेले में
खुद के भी होने का पता न चले, इतने अकेले में
खटखटाया जिसने दरवाजा उसका हाथ तो
खुली आँखों के सामने जीवन में इतनी दूर, इतने पीछे,

इतने आँखों में अँधेरे में इतना खामोश रहा कि कभी-कभी तो लगा
जैसे हो अपना ही हाथ
सदी के अन्त की इस भाग दौड़ में
न जाने कैसे बचे रह गए इस हाथ को कहाँ ले जाकर
किस माटी में रोप दूँ कि अगली सदी में वह
जाने-अनजाने थोड़ा बहुत ही
किसी को दिखाई दे जाए

रहे वे लोग, जिनके बीच गुजारी उम्र तो अब उनके साथ को
किस भाषा में कहूँ जिससे सचमुच निकले यह अर्थ कि उनके बिना
जीवन सम्भव ही कहाँ था
उनके बिना मिलते कैसे जीवन के इतने स्वाद

किस तरह दूँ उन्हें धन्यवाद कि वह
सिर्फ धन्यवाद जैसा न लगे।

स्त्री और पुरुष

स्त्री पुरुष मिलते हैं जब
बीच की सारी दुनिया हवा हो जाती है

नीलाकाश में कसा कसमसाता समुद्र
देहाकार में बँधा पछाड़ें खाता निराकार
न सूरज निकलता है न चाँद
न तारे टिमटिमाते हैं
सिर्फ बिजली कड़कती है लगातार
सिर्फ बारिश ही बारिश अटूट धार
बारिश का थमना, समुद्र का शान्त होना
सूरज और चाँद का निकल आना
तारों का अपनी-अपनी जगह से झाँकना
दुनिया का सपने से जाग उठना
दोनों को दो किनारों पर लगा देता है

फिर इसके बाद
अपनी-अपनी जगह से

सब कुछ नए सिरे से रचकर
जीवन में सिद्ध करना
इतना कठिन होता है
कि जीवन गुज़र जाता है
और पता नहीं चलता।

एक बार फिर आऊँगा

एक बार फिर आऊँगा
आऊँगा और फिर से आग के
गोल-गोल घेरे से होकर निकलूँगा
और अबकी बार तो
आग के दरिया पर
तैर कर दिखाऊँगा

एक बार फिर काजल की
कोठरी में जाऊँगा और लीकों ही लीकों वाले
चेहरे में
और भी खूबसूरत
लगकर दिखाऊँगा

भागती-दौड़ती इस उम्र को
एक क्षण रोककर जो कहना चाहता था
तुम्हारे कान में अबकी बार उसे
कहकर ही जाऊँगा

पुनर्जन्म के बारे में कुछ भी जानता नहीं
लेकिन कविता में लौटकर आने का
भरोसा न होता तो अब तक
कब का ऊब गया होता।

यह महज़ संयोग है
अभी पृथ्वी इतनी छोटी नहीं हुई कि गेंद की तरह
उनकी मुट्ठी में आ सके
और समुद्र इतने उथले नहीं हुए कि उनके लिए
टेनिस का कोर्ट बन सकें।

पल-पल के हिसाब वाले इन दिनों

पल-पल के हिसाब वाले इन दिनों
यह अचरज की बात नहीं तो और क्या
कि आपकी बेटी के ब्याह में आपके बचपन का
कोई दोस्त अचानक आपकी बगल में
आकर खड़ा हो जाए

न कोई रिश्तेदारी, न कोई मतलब
न कुछ लेना-देना, न चिट्ठी-पत्री
न कोई खबर
न कोई सेठ, न साहूकार
एक साधारण सा आदमी
पाटता तीस-पैंतीस से भी ज़्यादा बरसों की दूरी
खोजता-खोजता, पूछता-पूछता घर-मोहल्ला
वह भी अकेला नहीं पत्नी को साथ लिए
सिर्फ दोस्त की बेटी के ब्याह में शामिल होने
चला आया

मैंने तो बस यूँ ही डाल दिया था निमंत्रण पत्र
याद रहे आये पते पर जैसे एक
रख आते हैं हम गणेश जी के भी पास
कहते हैं बस इतना सा करने से
सब काम निर्विघ्न निबट जाते हैं

खड़े रहे हम दोनों थोड़ी देर तक
एक दूसरे का मुँह देखते
देखते एक दूसरे के चेहरे पर उग आई झुर्रियाँ
रोकते-रोकते अपने-अपने अन्दर की रुलाई
हम हँस पड़े
इस तरह गले मिले
मैं लिए-लिए फिरता रहा उसे
मिलवाता एक-एक से, बताता जैसे सबको
देखो ऐसा होता है

तभी किसी सयाने ने ले जाकर अलग एक कोने में
कान में कहा मेरे,
बस बहुत हो गया, ये क्या बचपना करते हो
रिश्तेदारों पर भी ध्यान दो
लड़की वाले हो बारात लेकर नहीं जा रहे कहीं

फिर ज़रा फुसफुसाती आवाज़ में बोले
मंडप के नीचे लड़की का कोई मामा आया नहीं
जाओ, मनाओ उन्हें
और वे तुम्हारे बहनोई तिवारी जी जाने किस बात पर
मुँह फुलाए बैठे हैं

तब टूटा मेरा ध्यान और यकायक लगा
कैसी होती है बासठ की उम्र और कैसा होता है
इस उम्र में तीसरी बेटी को ब्याहना

खा पीकर चले गए रिश्तेदार
मान मनौवल के बाद बड़े-बूढ़े मानदान
ऊँचे घरों वाले चले गए अपनी-अपनी घोड़ा-गाड़ियों
और तलवारों-भालों की शान के साथ

बेटी को विदा कर रह गया अकेला मैं
चाहता था थोड़ी देर और रहना बिल्कुल अकेला
तभी दोस्त ने हाथ रखा कंधे पर
और चुपचाप अपना बीड़ी का बंडल
बढ़ा दिया मेरी तरफ
और मेरे मुँह से निकलते-निकलते रह गया
अरे तू कब आया।

डोंगियाँ नहीं डूबतीं

पतन के गहरे नीले समुद्र में
जिस तरह डूबता दिखाई दे रहा यह जहाज़

देखकर, उसे शब्दों में मातम मनाने के अलावा
और कुछ करना शेष नहीं दिखता

लेकिन यह कोई रास्ता नहीं

शोक और अवसाद में डूबे रहने की
अपनी मुद्रा होती है पर वह हो सकती
स्थायी भाव नहीं

मूर्तियाँ तक बदल देती हैं अपने अर्थ सुबह होते ही
प्रकाश में अलग-अलग कोणों से
जीवन के अलग-अलग अर्थ देने लगती हैं

और उन्हीं लहरों पर तटों से दूर-दूर तक क्या
तैरती दिखाई देती नहीं डोंगियाँ
अपनी लघुता में देतीं चुनौती समुद्र को
काल के अनंत नीलेपन में डूबे हैं अब तक
न जाने कितने जहाज़ फिर भी
महाप्रलय की उत्ताल जल-राशि में
पत्ते की डोंगी पर लेटा पैरों का अँगूठा चूसता
जो हर बार बचता है
वह मिथक भर नहीं
आज भी किलकारी भर रहा तुम्हारे घर में

उसकी रहस्यमय मुस्कान
आज भी बिखेर रही ऊर्जा तुम्हारे आसपास
उन्हीं से होती है हर रोज सुबह आज भी
दिन भर की थकान के बाद
वे हज़ारों-हज़ार आवाज़ें जिनके लिए कभी
पूरे शब्द नहीं रहे हमारे पास,
आज भी अपनी अकिंचनता में नाचती हैं
गाती हैं अपने होने के वैभव का गान

समय की चन्द बलवती नीचताएँ

कायर क्रूरताएँ बिगाड़ने के अलावा
बना कुछ नहीं पाएँगी,
और तुमने अगर बाँधा नहीं अपनी डोंगी में
अनाप-शनाप माल-असबाज
लुटाते रहे शब्द-शब्द स्वयं को
समय के अनंत प्रवाह में,
भले तिनके की तरह ही हो
तैरते हुए केवल तुम ही नज़र आओगे

डूबते हैं माल-असबाब से भरे जहाज़
डोंगियाँ नहीं डूबतीं।

गाय

गाएँ हमारे जीवन से क्या गईं
घरेलू सुन्दरता आँखों का अपनापन
अकिंचनता के ऐश्वर्य का विश्वास और धीरज
जीवन से चला गया

सुबह-सुबह की पवित्रता का
भोला-भाला शकुन जीवन से चला गया

अब उनका कहीं कोई धनीधोरी नहीं दिखता
पता नहीं चलता वे
कहाँ से आती हैं, कहाँ चली जाती हैं
सारा दिन दरवाज़े-दरवाज़े भीख माँगती,
दुत्कार सुनती, मार खाती गलियों-मोहल्लों में
चाहे जहाँ दिख जाती हैं

अक्सर कोई गाय
सड़क के बीचों-बीच
हमारा रास्ता रोककर खड़ी हो जाती है
हम उसे पहचानने से इन्कार करते
बचते हुए ऐसे निकल भागते हैं कि कहीं

वह पीछे-पीछे
हमारे घर न चली आए

वह वर्षों वैसी ही खड़ी रहती है इन्तज़ार में
खड़े-खड़े गिर जाती है, मर जाती है
लेकिन उसे कोई पूछता नहीं आता
हमने अपनी मुनष्यता के नशे में
एक दिन उन्हें अपने घर से हकाल दिया

और अब यह भी याद नहीं आता
हमने कब किसी गाय की पीठ थपथपाई थी
कब उनकी आँखों में
कृतज्ञता की बेआवाज़ भाषा को पढ़ा था
हमें सचमुच याद नहीं आता
हमने कब किसी गाय को
उसके नाम से पुकारा था
और उसने अपनी थूथन हमारे कंधे पर
ऐसे टिका दी थी जैसे
अब उसे कोई चिन्ता नहीं

हमें बिल्कुल याद नहीं आता
हमने कब किसी गाय का रँभाना सुना था
और हमारी आत्मा
पूरी तरह भींग गई थी

वे जीवन में अमृत की धार बनकर आई थीं
आज भी वे जब किसी लायक होती हैं
हम ही उनकी मिठास के पहले वारिस होते हैं

गाय के सहारे इस समय माँ को याद करना
एक तो अतिरिक्त भावुकता होगी
दूसरे मुझे उन लोगों का प्रवक्ता समझ लिया जाएगा
जो गाय के नाम पर ही मरने-मारने पर
उतारू हो जाते हैं

वे पृथ्वी पर कोई लुप्त होती प्रजाति नहीं
फिर भी हमारे जीवन से चली गई हैं।

'देश एक राग है' (2009 में प्रकाशित) से
(2004 से 2008 तक की कविताएँ)

देश एक राग है

इस बार छब्बीस जनवरी पर
मैं देश के नाम सन्देश देना चाहता था
राष्ट्र के नाम नहीं
देश के नाम
जानता हूँ ऐसे सन्देश केवल
राष्ट्रपति और प्रधानमंत्री समय-समय पर देते हैं
जो राष्ट्र के नाम प्रसारित किए जाते हैं
इन सन्देशों की कोई विवशता होगी
तभी तो उनकी भाषा ऐसी तयशुदा होती है कि
उनमें कहीं कोई उतार-चढ़ाव नहीं होता
न कहीं कोई मार्मिक स्पर्श

होश सँभालने के बाद पिछले पचास वर्षों से
सुनता आ रहा हूँ ऐसे सन्देश और किसी का कोई एक
वाक्य भी ठीक से याद नहीं
मज़ेदार बात यह है कि 'देशवासियो'-जैसे
आत्मीय सम्बोधन से प्रारम्भ होने वाले ये सन्देश
देश को भूलकर राष्ट्र-राष्ट्र कहते नहीं थकते
राष्ट्र की मज़बूती, राष्ट्र की गरिमा
राष्ट्र की सम्प्रभुता, राष्ट्रोत्थान जैसे विशेषणवाची
अलंकरणों से मंडित
ये आत्ममुग्धता और आत्मश्लाघा
के उदाहरण बनकर रह जाते हैं

मुझे कुछ समझ में नहीं आता
मेरी उलझन बढ़ती ही जाती है

कि देश के भीतर राष्ट्र है या राष्ट्र के भीतर देश
दोनों में कौन किससे छोटा, बड़ा
सर्वोपरि या गौण है
इस विवाद में न पड़ें तो भी
दोनों एक ही हैं यह मानने का मन नहीं करता

अव्वल तो कोई किसी का पर्याय नहीं होता
फिर भी सुविधा के लिए मान ही लें तो
देश का पर्याय राष्ट्र कैसे हो गया
अर्थात् देश में सेंध लगाकर कब राष्ट्र घुस आया
इसका पुख़्ता कोई न कोई कारण और इतिहास
होगा ही, पर मेरा कवि मन आज तक
उसको स्वीकार नहीं कर पाया

और यदि इसका उल्टा ही मान लें,
कि सबसे पुराना राष्ट्र ही है तो
हज़ारों सालों से कहाँ ग़ायब हुआ पड़ा था
तत्सम शब्दावली की कहीं-कहीं पोथियों-पुराणों के अलावा

देश-देशान्तरों की मार्मिक कथाओं से भरा पड़ा है
सारी दुनिया का इतिहास
राष्ट्रों की कहानियाँ कौन सुनता-सुनाता है
अब आप ही बताइए
कि क्या कोई ठीक-ठीक बता सकता है कि कब
देश की जगह राष्ट्र और राष्ट्र की जगह देश
कहा जा सकता है।

हमारे जवान देश की सीमाओं की रक्षा करते हैं
हम देश का इतिहास और भूगोल पढ़ते-पढ़ाते हैं
सन् सैंतालीस में हमारा देश आज़ाद हुआ था
मैं भारत देश का नागरिक हूँ
ऐसे सैकड़ों वाक्य पढ़ते-पढ़ाते बीत गई उम्र
जब-जब, जहाँ-जहाँ तक आँखें फैलाईं
दूर-दूर तक देश ही देश नज़र आया

राष्ट्र कहीं दिखा नहीं

आज भी बड़े-बड़े शहरों से मेहनत-मज़दूरी करके जब
अपने-अपने घर-गाँव लौटते हैं लोग तो एक दूसरे से
यही कहते हैं कि वे अपने देस जा रहे हैं
वे अपने पशुओं-पक्षियों, खेतों-खलिहानों
नदियों-तालाबों, कुओं-बावड़ियों, पहाड़ों-जंगलों,
मैदानों-रेगिस्तानों,
बोली-बानियों, पहनावों-पोशाकों, खान-पान
रीति-रिवाज़ और नाच-गानों से इतना प्यार करते हैं
कि कुछ न होते हुए गाँठ में
भागे चले जाते हैं हज़ारों मील ट्रेन में सफ़र करते
बीड़ी फूँकते हुए

वे सच्चे देशभक्त हैं
वे नहीं जानते राष्ट्र-भक्त कैसे हुआ जाता है
आज़ादी की लड़ाई में हँसते-हँसते फाँसी के फन्दों पर
झूलने वाले देश-भक्ति के गीत गाते-गाते
शहीद हो जाते थे

ऊपर कही गई बातों में से देश की जगह राष्ट्र रखकर
कोई बोलकर तो देखे
राष्ट्र-राष्ट्र कहते-कहते ज़ुबान न लड़खड़ाने लगे
तो मेरा नाम बदल देना
वहीं एक वाक्य में दस बार भी आये देश तो
मीठा ही लगेगा शहद की तरह

देश एक राग है
सुवासित-सुभाषित सा फैलता हुआ धीरे-धीरे
स्नेहिल तरंगों की तरह बाहर से भीतर तक
भीतर से बाहर तक
स्वयं अपनी सीमाएँ लाँघता
सुगन्धित मन्द-मन्द पवन की तरह
सारी दुनिया को शीतल करता धीरे-धीरे

सारी दुनिया का हिस्सा हो जाता है

कितना भी पुराना और पवित्र रहा हो राष्ट्र शब्द का इतिहास
पर आज पता नहीं क्यों बार-बार
यह शब्द एक भारी भरकम बनाई गई ऐसी अस्वाभाविक
डरावनी आवाज़ लगता है जो सत्ता और शक्ति के
अहंकार में न जाने किसको
ललकारने के लिए उपजी है
अपना बिगुल ख़ुद बजाती जिससे एक ही शब्द
ध्वनित होता सुनाई देता है
सावधान!
सावधान!
सावधान!

मैं देश के नाम सन्देश देने के बारे में कह रहा था
और कहाँ से कहाँ निकल गया
यह सही है कि मैं न देश का राष्ट्रपति हूँ
न प्रधानमंत्री, न कोई सांसद, न विधायक
यहाँ तक कि किसी नगरपालिका का कोई
निर्वाचित सदस्य तक नहीं हूँ

पर सभी ये कहते हैं कि ये जो अच्छे-बुरे जो भी हैं
सब मेरे ही कारण है
मैंने ही बनाया है उन्हें
तो इसी नागरिक अधिकार के साथ मेरा देश के नाम सन्देश
क्यों प्रसारित नहीं किया जा सकता

पर बार-बार यही कठिनाई आन खड़ी होती है
कि ऐसे सारे सन्देश राष्ट्र के नाम ही प्रसारित
किये जाते हैं
पता नहीं कोई संवैधानिक संकट है या कुछ और
या आज़ादी के इतने सालों बाद भी अपनी तरह
का स्वतन्त्र भारत न गढ़ पाने की कोई दबी-छिपी रह गई
ग़ुलाम मानसिकता

या परायों के तन्त्र से मुक्त न हो पाने की कोई विवशता

आप जो भी कहें
और आप पूरी तरह मुझे ग़लत भी साबित कर दें
और जो आप कर भी सकते हैं
कहाँ-कहाँ से पुराणों और पोथियों से प्रमाण
खोजकर ला सकते हैं और मुझे चारों ख़ाने चित्त कर
सकते हैं
पर जो सामाजिक इतिहास मुझे दिखाई देता है
राष्ट्रों का वह क़तई आत्मीय नहीं है

अपने ही भारत देश के बारे में सोचकर देखिये
कि भारत में महाभारत कभी नहीं होता
यदि उसका सम्राट धृतराष्ट्र न होता जिसे
अपने सिंहासन के अलावा
कुछ भी दिखाई नहीं देता था
इतना ही नहीं उसकी रानी ने भी आँखों पर
पट्टी बाँध रखी थी ताकि उसे भी कुछ
दिखाई न दे अपने पुत्रों के मोह के अलावा

भारत में महाभारत
कुछ अटपटा नहीं लगा आपको
और क्या ध्वनि निकलती है इस वाक्य से
सत्ता के आतंक, दम्भ, हिंसा और
युद्ध के अलावा
जिस-जिस शब्द से जुड़ा यह 'महा' उपसर्ग
शब्द की सूरत बदल कर रख दी
उदाहरण देने से क्या लाभ
आप ही जोड़कर देख लें सीधे-सादे शब्दों
के आगे यह उपसर्ग
मैं किसी 'शब्द' और 'नाम' का अपमान नहीं
कर रहा हूँ
और 'महाभारत' जैसे आदिग्रन्थ का तो बिल्कुल नहीं

वह न लिखा गया होता तो
युद्ध की विभीषिका और निरर्थकता का कैसे पता चलता
कैसे पता चलता कि युद्ध में हार ही हार होती है
कोई जीतता नहीं

'राष्ट्र' ही सर्वोपरि है तो एक ही राष्ट्र के भीतर
कई राष्ट्रीयताओं की धारणा से आज भी
मुक्त नहीं हुए आप
व्यर्थ गई हज़ारों वर्षों की यात्रा आपकी
बर्बर तन्त्र से प्रजातन्त्र तक की
तो फिर जाइए वापस अपने-अपने
राष्ट्रों में
लौट जाइए अँधेरी खाइयों-गुफाओं में
यही तो चाहते हैं आज भी
नए चेहरों वाले आपके पुराने विस्तारवादी
माई-बाप
कभी जो नेशन का सिद्धान्त लेकर आये थे और बढ़ाते रहे
अपना साम्राज्य

इतने वर्षों की दासता से कुछ सबक़ सीखा नहीं आपने
धर्म के नाम पर बाँटा गया
ख़ुशी-ख़ुशी बँट गए
भाषाओं के नाम पर अलग-अलग किया गया
अलग-अलग हो लिए
अब अपनी-अपनी जातियों के नाम पर भी
बना लीजिए अपने-अपने, अलग-अलग राष्ट्र
और अब इस बार डूबे तो कोई किसी को
नहीं बचा पाएगा

मैं फिर कहता हूँ कि मैं किसी शब्द और किसी
नाम का अपमान नहीं कर रहा हूँ
केवल उस मानसिकता की तरफ़ संकेत कर रहा हूँ
जो अपनी कुलीनता के दम्भ में अपने ही देश में

अपने ही वर्चस्व का
अलग राष्ट्र हो जाना चाहती है
और धीरे-धीरे सारे देश को
इकहरा राष्ट्र बनाना चाहती हैं
आज भी इक्कीसवीं सदी में
ज्ञान-विज्ञान सब एक तरफ़ रख कर ताक में
रक्त की शुद्धता, पवित्रता की दुहाई देकर
भोले भाले लोगों को जिन गुफाओं में ले जाकर
ज़िन्दा दफ़न कर देना चाहते हैं वे
इतिहास गवाह है उन गुफाओं से निकलने में
सदियाँ बीत जाती हैं

आप समझ ही गए होंगे
बात महज़ शब्दों की नहीं, प्रवृत्तियों की है
और कठिनाई यही है कि उनके बारे में
शब्दों को छोड़कर बात की नहीं जा सकती
भाषा में इस प्रवृत्ति को
'तद्भव' को 'तत्सम' में ज़बरदस्ती रूपान्तरित
करने का शीर्षासन कह सकते हैं
सभी जानते हैं कि यह अस्वाभाविक प्रक्रिया है
'फज़ल' ने किस सादगी से कहा था
'पहाड़ तक तो कोई भी नदी नहीं जाती'

यह मानसिकता देश की बहुरंगी संस्कृति को
पहले राष्ट्र की संस्कृति कहकर इकहरा बनाती है
फिर देश को एक तरफ फेंक
सांस्कृतिक राष्ट्रवाद का नारा लगाती है

मैं किसकी क़सम खाऊँ
मुझे भाषा के किसी शब्द से चिढ़ नहीं है
चिढ़ है तो उस मानसिकता से जो शब्दों को
मनुष्य के विरुद्ध खड़ा कर देती है
जो सिर्फ़ मनुष्य को दिए गए नामों से पहचानती है

उनकी जातियों से पहचानती है,
उनके रंगों से पहचानती है
और उनकी भाषा में कभी दिए गए 'ईश्वर'
के नाम के लिए उनके अलग-अलग शब्दों से
पहचानती है

देश देशजों से बनता है
उनकी बहुरंगी छटा
देशों का इन्द्रधनुष बनाती है
जो सबको अपने-अपने आसमान में दिखाई देता है
कौन होगा जिसका मन इन्द्रधनुष देखकर
इन्द्रधनुष जैसा न हो जाए

मान लिया
मान लिया कि अंग्रेज़ी के 'नेशन' शब्द के लिए हिन्दी में
फिर से पैदा हुआ 'राष्ट्र'
तो 'नेशन' शब्द में कौन से सुरखाब के पर लगे हैं
पश्चिमी दुनिया की लगभग सभी भाषाओं में
कितना प्यारा है 'कंटरी' शब्द अर्थात् 'देशज'
कब और कैसे दबोच लिया
'कंटरी' जैसे आत्मीय शब्द को 'नेशन' ने
यह खोज का विषय होना चाहिए
ज़रूर उसके पीछे कोई
बर्बरता छिपी होगी

इस सबके बाद भी
आपको अपना राष्ट्र मुबारक
मुझे तो अपना देश चाहिए
आपको इक्कीस तोपों की सलामी मुबारक़
मुझे आसमान में मेरा लहराता तिरंगा चाहिए
बुरा लगा हो तो माफ़ करना
मैं तो अपने लोकतन्त्र में अपनी छोटी सी
नागरिक इच्छा पूरी करना चाहता था

कि इस बार छब्बीस जनवरी पर
मैं देश के नाम सन्देश देना चाहता था

नया साल

कितना अच्छा रहा कि पिछले पूरे एक वर्ष में
आपको कभी किसी बात पर क्रोध नहीं आया

कितना अच्छा हुआ कि किसी भी घटना से
आया नहीं आपके रक्त में रत्ती-भर उबाल

कितना अच्छा रहा कि आप समयानुकूल
बुरी से बुरी ख़बर पर भी उत्तेजित नहीं हुए

कितना अच्छा रहा कि इस वर्ष भी आपके मन में
उठा नहीं कोई उल्टा-सीधा सवाल,

कितना अच्छा रहा कि आप कहीं फँसे नहीं
बुद्धिमानी से काटे आपने अपने सारे जाल

कितना अच्छा रहा कि सरकारी ख़र्चे पर आप भी हो आए विदेश
वेतन के अलावा भी निरन्तर बढ़ी आपकी आय

पिछले वर्ष की ही तरह आप फले-फूले इस बरस भी
इसी तरह आपको मुबारक़ हो यह नया साल

रहें सदा आप इसी तरह, झंझटों-टंटों से दूर
दूर से ही भाँपते रहें क़रीब आने वाले की चाल
समझदारी से क़ायदे-क़ानूनों के भीतर सब काम करें
आने नहीं दें अपने ऊपर कोई आँच, उठने नहीं दें कोई बवाल
सरकारें आएँ-जाएँ, बवंडर उठें, आते रहें भूचाल
आप खड़े रहें वहीं धैर्य से अविचलित

इस वर्ष भी रहें आप सदा की तरह निर्लिप्त-निर्विकार
पिछले वर्ष से भी अधिक मंगलमय हो आपका यह वर्ष।

सपनों की बातें मत करो

थोड़ा बहुत जो भी बचा हो तुम्हारे पास
उसे हुनरमन्दी से
बेचने लायक बनाओ
और मौक़ा लगते ही इस तरह बेच दो
कि किसी को ख़बर न हो कानों-कान
बेच दिए जाते हैं जिस तरह
बड़े-बड़े पहाड़
बड़ी-बड़ी नदियाँ
यहाँ तक कि समुद्र और आकाश
और किसी को पता तक नहीं चलता

यह जो बचाकर रखा है तुमने अपने पास
बड़े जतन से कहीं गहरे में भीतर
उसे बाहर निकालो
वरना वह वहीं का वहीं रह जाएगा

तुम्हारे जाते ही वे तुमसे भी पहले
उसी को घास-फूस की जगह जलाएँगे
और शोक की मुद्रा में
अन्ततः छुट्टी या जाने जैसी
लम्बी-गहरी साँस लेंगे

देखो न किस सफ़ाई से तुम्हें
तुम्हारे ही दोस्त ने किसी और के हाथों बेच दिया
कि तुम्हें पता ही नहीं चला
और दोस्ती की मुहर इतनी पक्की
कि अब तुमसे किसी से
कुछ कहते भी नहीं बनता
इसलिए जो भी हो तुम्हारे आसपास
उसे ही बेच दो
बेच दो आकाश में उड़ती हुई
वह चिड़िया जो अभी-अभी गई है

तुम्हारे आँगन से दाना लेकर

बेच दो खिड़की से आता हुआ रोशनी का
वह टुकड़ा जो अभी-अभी
तुम्हारे कन्धे को गरमा रहा था
झरोखों से सौंधी हवा का कोई झोंका
आया हो तुम्हारे पास तो उसे भी
उसके वापस जाने के पहले किसी को बेच दो

सपने!
सपनों की बातें मत करो
वे तो न जाने कब के
बेचे जा चुके हैं।

2004

इक्कीसवीं सदी के भी बीत गए बरस चार
चार बरस जैसे बीते चार युग
इतना बदला इतना बदला संसार
इतना कि सत्ता की ताक़त के सिक्के का
रह गया बस एक पहलू
अब उसके दोनों तरफ़ लिखा है
नरसंहार
नरसंहार।

(31 दिसम्बर, 2004)

एक और जीवन

इसी जन्म में यदि कोई एक और जन्म हुआ हो आपका
तो यह दूसरा जन्म दिन किस तरह मनाते हैं आप

क्या आप भी करते हैं अधीरता से प्रतीक्षा किसी आवाज़ की
जो फुसफुसाती हुई चुपचाप से आपके कान में कहे
जन्मदिन मुबारक़ हो

तब भीतर ही भीतर कितनी ख़ामोशी से
आप कैसे देते हैं उत्तर

किसी से कुछ न कहें न किसी को कुछ बताएँ
ख़ुद को भी रहने दें अपने से बेख़बर
पर सच तो यही है कि इसी जन्म में कभी न कभी
होता ज़रूर है एक और जन्म आपका
और उसी के सहारे आप जीते हैं एक और जीवन।

सूरज ढल रहा है

उम्र के ढलान की तरफ़
जीवन से भरे-पूरे तालाब के उस तरफ़
आदि से अन्त तक बहती नदी के
दूसरे किनारे की तरफ़

समुद्र के इस तरफ़ से
समुद्र के उस तरफ़
सूरज ढल रहा है

अस्त होते अपने अनेक रंगों में
अपनी पूरी आभा समेटे आप में

चुपचाप शान्ति से देखो यह दृश्य
वह निस्तेज नहीं हो रहा
ढल रहा है
किसी और जगह की सुबह के लिए

तुम हो तो

लिखी जा नहीं सकेगी कभी तुम्हारे बिना
तृप्ति के बाद की शान्ति
धमनियों-शिराओं में बहती
नि:शब्द
नीरवता की आवाज़

देह का कामनाओं से मुक्त होना
इच्छाओं का थककर सो जाना
निष्कम्प लौ की तरह जागते मद्धिम प्रकाश में
इन्द्रियों का खो सा जाना

तुम हो तो है इस तरह
एक और सुबह पाने की उम्मीद की नींद।

बचा रहेगा

विलीन होते-होते भी आकाश में
फिर-फिर लौटता है जीवन क्षितिज पर
जाते-जाते भी
झाँक-झाँक जाता है
धरती की हरी-भरी गोद की तरफ़
फिर-फिर लौटती हैं
उखड़ती हुई साँसें
घुलती है ताज़ी हवा में
प्राण वायु बनने के लिए

डूबते-डूबते भी
फिर-फिर लौटती है रोशनी आँखों में
और एक बार
और और एक बार
दुनिया को जी भर कर देखने के लिए

धरी रह जाएँगी सारी की सारी
घृणाएँ, कटुताएँ
जलकर राख हो जाएँगी
रस्सी की तरह ऐंठी हुई
सारी की सारी
ईर्ष्याएँ, अहम्मन्यताएँ
बचा रहेगा
सिर्फ़ एक

प्यार के लिए पछाड़ें खाता
उठता गिरता स्मृतियों का समुद्र।

(8 सितम्बर, 2005)

पौरुष गाथा

वे बरगद के वृक्ष नहीं थे लेकिन
उन्होंने अपनी रक्षा के लिए अपनी स्त्रियों से
बरगद के चारों ओर बँधवाया
कच्चे सूत का धागा
उस पर चढ़वाये पकवान,
अगरबत्तियाँ जलवाकर उसकी पूजा करवाई
और इस तरह वे पुरुष हुए

अपने भय को छिपाने के लिए
उन्होंने पीपल के बजते-बोलते वृक्ष को पूजा
उस पर सिंदूर लगाया
अपना माथा टेका
और शाम के झुटपुटे में अपने काँपते हाथों से
भय भगाने को जलाया दीपक
और इस तरह वे पुरुष हुए

उन्होंने बरगद पर बैठाया देवताओं को
भूतों-प्रेतों को पीपल पर बैठाया
फल वाले सारे वृक्षों को बन्दी बनाया
और शेष वृक्षों को उनके हाल पर
उन्हें कटने-मरने छोड़ दिया

और फिर एक बार वे इस तरह पुरुष हुए।

लिखावट

एक अर्से बाद मिली कोई हाथ की लिखी चिट्ठी
वह भी दूर देश से
कितने दिनों बाद कोई लिखावट

अपने पूरे चेहरे-मोहरे के साथ आँखों में
ऊष्मा बन उभरी
सघन आत्मीयता भरी उँगलियाँ काग़ज़ पर
अक्षरों की बनावट से कैसे तन-मन की सारी
नाड़ियों, धमनियों-शिराओं का पता बता देती हैं
यह आज भी मनुष्य होने का रहस्य है

दरअसल काग़ज़ पर जो लिखा जाता है
उसे ठीक-ठीक वैसा कभी बिना लिखे
बोला नहीं जा सकता
बोलने का अपना चातुर्य है, कुशलता है फिर भी
न जाने क्या-क्या छूट जाता है
और न जाने क्या-क्या निकल जाता है मुँह से

लिखावट का अपना रूप होता है
उसके रूप का अपना अर्थ होता है
जो कहा नहीं जा सकता
लिखावट शब्दों को समेटे अपने अन्दर
कहाँ से कहाँ पहुँच जाती है यह वही जानता है
जो उसे पढ़ पाता है

हर एक को जीवन में याद रही आती है
एक न एक लिखावट
जैसे मुझे इस उम्र में भी याद है कि जब वह
पते की जगह मेरा नाम लिखती थी तो उसकी
लिखावट में हिरनी सी हेरती उसकी आँखें
बरबस उभर आती थीं
मैं देखते ही पहचान जाता था
उसकी चिट्ठी

अब हर जगह से
चिट्ठियों पर मेरा नाम और पता
छपा हुआ आता है
घर-घर में घुस रहा है छापेख़ाने का डिब्बा

अब भेजे जाते हैं छपे हुए सन्देश जो
पता नहीं देते किन्हीं उँगलियों के मन का
जिनमें उभरता नहीं कोई चेहरा

अब चिट्ठियाँ नहीं पत्र आते हैं
ज़्यादातर कारोबारी तयशुदा भाषा में
गुम हो रहे हैं पोस्टकार्ड
उन पर भी छपाई का हमला है
डूब में आ गया है लिखावट का इलाक़ा
लिखावट डूब रही है।

(12 जनवरी, 2005)

मेधा पाटकर

करुणा और मनुष्यता की ज़मीन के
जिस टुकड़े पर तुम अपने पाँव जमाये
खड़ी हुई हो अविचलित
वह तो कब का डूब में आ चुका
मेधा पाटकर

रँगे सियारों की प्रचलित पुरानी कहानी में
कभी न कभी वह पकड़ा जरूर जाता था
अब बदली हुई पटकथा में
उसी की होती है जीत, उसी का जय-जयकार
मेधा पाटकर

जीवन देकर भी तुम जिसे बचाना चाहती हो
तुम भी तो जानती हो कि वह न्याय
कब का दोमुँही भाषा की बलि चढ़ चुका
मेधा पाटकर

हमने देखे हैं जगमगाते अपराधी चेहरे
देखा है उनहें अपनी क्रूरता पर गर्व से खिलखिलाते
पर हार की कगार पर
एक और लड़ाई लड़ने की उम्मीद से

'बुद्ध' की तरह मुस्कुराते सिर्फ़ तुम्हें देखा है
मेधा पाटकर

तुम्हारे तप का मज़ाक़ उड़ाने वाले
आदमखोर चेहरों से अश्लीलता की बू आती है
तुम देखना, उन्हें तो
नर्मदा भी माफ़ नहीं करेगी
मेधा पाटकर

सारी दुनिया को गाँव बनाने की फ़िराक़ में
बड़ी-बड़ी कम्पनियाँ न जाने कब से
तुम्हें शो-केस में सजाकर रखने के लिए
मुँह बाये बैठी हैं इन्तज़ार में
कुछ उनकी भी सुनो
मेधा पाटकर

खोखले साबित हुए हमारे सारे शब्द
झूठी निकली प्रतिबद्धताएँ
तमाशबीनों की तरह दूर खड़े-खड़े
गाते रहे हम दुनिया बदलने के नक़ली गीत
हम सबके
सर झुके हुए हैं
मेधा पाटकर।

(19 अप्रैल, 2006)

नींद क्यों रात भर नहीं आती

मैं यह तो नहीं कह सकता कि इस समय
जब मेरे जैसे ज़्यादातर लोग खा पीकर
सो रहे हैं तब अकेला मैं ही जाग रहा हूँ
बस इतना ही कि मुझे
नींद नहीं आ रही है

नींद का न आना जागते रहना ही नहीं होता
वह तो एक अकेला दुखिया दास कबीर था

जो सारी–सारी रात जागता था और रोता था
मैं तो सचमुच
आज़ादी की नींद सोना चाहता था
और उसे पाने के लिए
अब तक क्या–क्या नहीं किया

ऐसा नहीं है कि मेरे पास घर नहीं है
या ठीक–ठाक बिस्तर नहीं है सोने को
करोड़ों–करोड़ों लोगों से बेहतर
भोजन करता हूँ दोनों समय
कभी भूखे सोया नहीं
मुझे नींद न आने की बीमारी भी नहीं है
जो एक–दो शारीरिक व्याधियाँ हैं
उनके इलाज के लिए कुछ न कुछ जोड़–तोड़
कर ही लेता हूँ किसी न किसी तरह
गरज़ कि किसी का भी मोहताज नहीं हूँ ऐसा कि
रातों की नींद ग़ायब हो जाए

मैंने ऐसा कोई काम भी नहीं किया
कि किसी की ईर्ष्या का पात्र बनूँ
और वह मुझे गिराने में लग जाए
कोई ऐसी आवाज़ भी उठाई नहीं
कि किसी के निशाने पर आ जाऊँ

ऐसी कोई लड़ाई भी नहीं लड़ी
कि किसी की आँख की किरकिरी बनूँ और वह
बदला लेने पर उतारू हो जाए
ऊँच–नीच देख–देखकर, फूँक–फूँककर
सँभल–सँभलकर क़दम रखा है जीवन भर
फिर भी मुझे नींद क्यों नहीं आ रही
फिर भी...फिर भी...

और जब नींद नहीं आती
और आप जाग भी नहीं रहे होते

तब रात का एक-एक पल कैसे कटता है
कैसी-कैसी आशंकाओं और दुर्घटनाओं की
आहटों के बीच
गहरे सन्नाटे में कैसी भयावह
चीख़ें-पुकारें सुनाई देती हैं

गहरी उदास ख़ामोशियाँ
अचानक कैसे बोलने-बड़बड़ाने लगती हैं
यह आपसे ज़्यादा कौन जानता है
जो इस समय चैन की नींद लेने की बजाय
आँखें गड़ाये बैठे हैं इस कविता पर
इस इन्तज़ार में कि कब
सुबह का पहर आये।

(24 अक्टूबर, 2007)

हे कामरेड

अब आपको भी मधुर लगने लगी है
सिर्फ़ अपनी ही आवाज़
आपके भी कानों में गूँजने लगी है
सिर्फ़ अपनी ही जय-जयकार

दिखाई देने लगा है अब आपको भी
सिर्फ़ अपने ही बोले गए शब्दों में अर्थ
असहमति और विरोध औरों की तरह
अब आपको भी लगने लगे हैं व्यर्थ

अब आप भी दर्पण में अपना चेहरा नहीं
निहारने लगे हैं केवल अपनी छवि बार-बार
अब आप भी सच्चाई का सामना करने से
करने लगे हैं इनकार

अब आप भी भद्रजनों के क्रोध की
भाषा बोलने लगे हैं
निष्कासित कर दिए हैं आपने भी अपनी शब्दावली से

अन्याय, हिंसा, अत्याचार और नरसंहार
छोड़ दिया आपने भी मेहनत मज़दूरी करती
खटती–मरती जनता का साथ
आख़िर कर ही लिये आपने भी
सत्ता की दलाली मे काले अपने हाथ
दे ही दी वैधता आख़िर आपने गुजरात को
कर ही दिए मज़बूत आपने नरेन्द्र मोदी के हाथ

अपनी एकमात्र उम्मीद की रोशनी के
पूरी तरह बुझने के पहले कहिये तो
अब हम कहाँ जाएँ
कब तक सर्वहारा की शक्ति के नाम पर
केवल बंगाल–बंगाल चिल्लाएँ

लगता है क्रान्ति का आपका सपना पूरा हो चुका हे
देखिये न! अपना बिगुल
आप ही सुन रहे हैं
आप ही बजा रहे हैं

अतः हे कामरेड
आपको
बारम्बार
लाल सलाम–लाल सलाम!

(3 अगस्त, 2006)

***सुनो हिरामन** (कविता श्रृंखला के कुछ अंश, 1992)*

पूर्व संवाद

न जाने कब से
एक ऐसे आदमी की तलाश थी मुझे जिससे
जब चाहे अपने अकेलेपन में बातें कर सकूँ
जिसके आगे अपने मन की गाँठें खोल सकूँ
खुद को उधेड़ूँ

उसे भी उधेड़ सकूँ
एक दूसरे को
उधेड़ कर बुन सकूँ

न जाने कहाँ-कहाँ अब तक भटका किया
न जाने किन-किन चेहरों के पास गया
न जाने किस-किस को समझकर वही आदमी
अपना मन खोल दिया

एक दिन
बेहद काली अँधियारी रात में जब
न तो मूसलाधार पानी बरस रहा था
न कोई ओस टपक रही थी
सिर्फ एक सन्नाटा था सब तरफ
सन्नाटा भी ऐसा
जो न भयावना था न मोहक
सिर्फ एक सुन्न-सट्ट सन्नाटा सब तरफ
ऐसे में किसी ने दरवाज़े पर दस्तक दी
दरवाज़ा खोला तो एक आदमी
बंडी और धोती में सामने खड़ा था

देखते ही मैं बोल पड़ा
अरे अम्मा तुम...इतनी रात गए
तभी लगा, नहीं-नहीं गलती हो गई
और फिर मुँह से निकल पड़ा
भैया रामचरन तुम...भूरी भाभी कहाँ हैं
और इस बार भी लगा
पहचानने में चूक गया

एक क्षण रुक कर फिर पूरे विश्वास से कहा मैंने
ओ हो 'ईसुरी' आप और मेरे घर
'रजऊ' जू कहाँ हैं
मैं कितना भागवान
आप घर पधारे हैं

वह बोला क्यों हो रहे हो परेशान
तुमने हर बार ठीक ही तो पहचाना है
बस बात सिर्फ इतनी है
मेरा नाम है हिरामन
हिरामन गाड़ीवान

अच्छा...अच्छा...वही गाड़ीवान हिरामन
रेणुजी की कहानी में हुई थी मुलाकात
वही हिरामन जो
शैलेन्द्र की फिल्म 'तीसरी कसम' में
राजकपूर बने थे
इतने दिन कहाँ रहे
कुछ अता-पता मिला हीराबाई का

हिरामन कुछ बोले नहीं थोड़ा-सा मुस्काए
और पास आकर बैठ गए
लिये रहे अपने हाथ में मेरा हाथ बड़ी देर तक
फिर धीमे से बोले
अब तबियत कैसी है

आप नहीं चाहते
किसी से कभी इसी तरह करें बात
चाहते हों तो दरवाज़ा खोल कर देखें
कब से दस्तक दे रहा है हिरामन
इस कठिन अँधियारी रात में।

[संदर्भ : सोवियत रूस का विघटन]

सुनो हिरामन

[1]

जा रे ज़माना...
जा रे हिरामन...
समझ में कितना आया
बिदेसी नौटंकी का खेला

कल तक जो अन्दर जानकारों की तरह
गरदनें हिला रहे थे
भड़ैत थे

आज जो कुटिल हँसी हँसते हुए
सिर उठा रहे हैं
दरअसल पड़ोसी की लड़की के
भाग जाने जैसी दबी हुई खुशी का
जश्न मना रहे हैं

जा रे ज़माना...
जा रे हिरामन...
देखा कैसे एक झटके में उखड़ गया
टीम-टामी
वाह-वाही मेला

उठो
गाड़ी जोतो भइय्यन
अब कोई और कसम खाने से
काम नहीं चलेगा
बैलों पर गुस्सा उतारने से
काम नहीं चलेगा

[2]

हिरामन भाई!
ओ हिरामन भाई!!
काहे की लदनी लादे हो इस बार

जीवन भर ढोया तुमने
दूसरों का माल-असबाब
अपनी बैलगाड़ी पर

पीठ पर ढोई अपनी उमर
आत्मा में भरे रहे अपना

निरक्षर सीधापन
आँखों में लिए-लिए फिरते रहे
सूरत
हीराबाई की

बस दो-चार लदनी ही तो लादनी थीं
चतुरता-चालाकी की
इसके बाद तो आदत पड़ जाती

चाँदी की झालरों से सज जाती बैलगाड़ी
मढ़ जाते सोने से सींग बैलों के

पर तुमने छोड़ी नहीं लीक
छोड़ा नहीं घर-गाँव
छोड़े नहीं भाई-भौजाई

अब कैसे हो हिरामन
कैसे हो
बोलते क्यों नहीं
सुनो सुनो

फिर उसके बाद क्या हुआ
फिर उसके बाद क्या हुआ मीता
आगे की कथा बार-बार पूछ रही है
हीराबाई।

[3]

क्या बताएँ हिरामन
लगता है सचमुच सठिया गई है
हीराबाई

बात-बात पर गुस्सा बताती है
कहती है
वह नहीं जानती किसी हिरामन-फिरामन को
और न उसका नाम है हीराबाई

बीड़ी बना-बनाकर किसी तरह
काट रही है अपना बुढ़ापा

पर उसके सुर में अभी वही खनक है
जब कभी अपने में होती है
अकसर गाने लगती है
सजनवा बैरी हो गए हमार...
ओ...करमवा...

अब आप ही बूझिए
ये गाना
हीराबाई के अलावा
कोई गा सकता है

[4]

कहाँ हिरा गए हिरामन हो...
बीच कीचड़ में धँसी है तुम्हारी बैलगाड़ी
लोग चारों तरफ मजमा जमाए खड़े हैं

मजा यह है कि सभी अलग-अलग
कर रहे हैं दावा
कि बैलगाड़ी है उनके हिरामन की

और यह भी
कि वे ही जानते हैं
कौन है असली हिरामन

तुम्हीं बताओ
तुम कितने-कितने थे हिरामन
तुम किसके-किसके थे हिरामन
अब तुम नहीं हो हिरामन

पर मैंने तो यही सुना है
कि सपने में भी है अगर हीराबाई
तो हिरामन भी है।

[5]

कुछ जानते हो हिरामन!
मथुरा मोहन नौटंकी कम्पनी
फेल हो गई है

मेले में इस बार
एक नई कम्पनी आई है
जनता जनार्दन नौटंकी कम्पनी!
उसी का खेला चल रहा है!

अगले मेले में
पक्का डेरा डालने की फिराक में जोरों-शोरों से
तम्बू तैयार करने में लगी हुई है
जोगिया बाबा बिहारीलाल की
भरतभूमि नौटंकी कम्पनी

पर सच बात यह है
कि किसी के पास नहीं है
हीराबाई
सारी कम्पनियाँ उसी की तलाश में हैं

अब उन्हें कौन समझाए
कि हिरामन के दिल में छिपी है
हीराबाई!

(लम्बी कविता 'सुनो हिरामन' के कुछ प्रमुख अंश)

'कहते हैं कि दिल्ली की है कुछ आबो हवा और'
(कविता शृंखला 2007 के कुछ प्रमुख अंश)

पूर्व कथन

दिल्ली के बारे में
कुछ भी कहने से पहले
चचा गालिब की याद आना स्वाभाविक है

दिल्ली में वे कैसे जिए, कैसे मरे
यह किस्सा बहुत पुराना नहीं
पर आखिरकार उनके नाम
लिख ही गई दिल्ली

उनके नाम के साथ ही बनी
एक और तस्वीर दिल्ली की
उन्हीं से मिला एक और दिल
एक और जुबाँ दिल्ली को
ऐसे सुखनवरी जिसमें आज की दुनिया की
सारी आवाजें छिप जाएँ
वह दुनिया
जिसमें मर के भी चैन न आए
तो किधर जाएँ

दिल्ली जो बदलती है हर रोज
मायने जिसके वही के वही नहीं रहे
अर्थ-ध्वनियाँ क्या-क्या नहीं हो गईं
जिसमें अच्छा खासा आदमी
एक बार भीतर तक चला जाए तो लौटकर
पहचान में न आए
फिर भी है कहीं कोई दिल्ली जो आज भी है
वहीं की वहीं अपनी जगह
छोटे से कस्बे की तरह कटी-फटी,
मैली-कुचली, नंग-धड़ंग
इस बात से बेखबर कि वह भी है दिल्ली

तो बाद आदाब
इजाजत लेकर आपसे
कहना यह चाहता हूँ कि मैंने
गालिब की दिल्ली के बारे में
कुछ नहीं कहा है
उनसे मुआफी माँगते हुए सिर्फ इतना
अर्ज करना चाहता हूँ कि

'होने को बहुत शहर हैं हिन्दोस्तान में
कहते हैं कि दिल्ली की है कुछ आबोहवा और।'

[1]

वह दिल्ली से आया था हमारे शहर में

आदिवासी बच्चों जैसा गोल-मटोल
धूल-धूसरित यह शहर जब उसे पसन्द आया
तो हम बहुत खुश हुए

यहाँ के तालाब, पहाड़ियाँ, ऊँचे-नीचे रास्ते,
हरियाली, खुशनुमा हवाएँ और इतने
पास दिखता आकाश जब उसे
अनूठा लगा तो हम फूले नहीं समाए

हमारे लोगों की सहज प्रसन्नता,
मस्जिदों-मीनारों और पुरानी इमारतों की
शालीनता जब उसे विनम्र और मानवीय लगी
तो हमारी गर्दनें ऊपर तन गईं

यहाँ की बोली-बानी, पुरानी बातों, मजाकिया किस्सों
और अनहोनी घटनाओं को सुनते-सुनते जब उसने
हमारे साथ बिताई कितनी बेसुध रातें
तो हमें लगा
अब वह हो गया हमारा

किसी और का होने के लिए इससे ज्यादा
और क्या चाहिए
पर शायद कहीं कोई खटका था हमारे मन में
और एक दिन बिना बताए चुपचाप
वह वापस चला गया दिल्ली
और आज भी अक्सर हम भुलावे में आ जाते हैं
और भूल जाते हैं कि जो दिल्ली से आता है
वह आखिरकार वापस चला जाता है दिल्ली।

[2]

तेज रफ़्तार के इस दौर में
कहते हैं, बहुत दूर नहीं रही दिल्ली

इसका यह अर्थ भी न लिया जाय
कि वह बहुत पास आ गई है
या इतनी सुलभ हो गई है कि आप उसे
घर में उसी तरह पाल सकते हैं जिस तरह
कुछ लोग पालते हैं...
नहीं...नहीं, मैं वह नाम नहीं लूँगा
आप तो जानते हैं कि कितनी
बेतुकी तुक मिलती है उसकी दिल्ली से
मैं इतना भर कहा रहा था कि अब
खुल गए हैं कई-कई कम दूरी वाले रास्ते
और आप भी पहुँच सकते हैं दिल्ली
आप भी दिल्ली दरबार के रजिस्टर में
अपना नाम लिखा सकते हैं
और किसी भी ज्ञान-गुरु आचार्य
अथवा सकल गुण निधान संत की
अन्दरूनी बैठक तक सदेह जा सकते हैं

आप अपने ही शहर में ध्यान से देखें
मिल जाएँगे आपको कोई न कोई
केसरी प्रसाद जी
जो कभी समस्या को शमश्या
और भाषा को भासा बोलते थे
पर जोड़-बाकी, गुणा-भाग में माहिर
और धुन के पक्के थे
सो उन्होंने खोज ही लिया दिल्ली का अपना रास्ता
अब देखिए
वे किस ठसक से आते दिखाई देते हैं दिल्ली से
और जाते दिखाई देते हैं दिल्ली

देखा होगा आपने कि अब उनकी बातों में
जहाँ-तहाँ बिखरी पड़ी रहती है दिल्ली
उनकी टेबिल पर पसरी पड़ी रहती दिल्ली
उनके फोन पर
बजती रहती है दिल्ली
कई बार तो दिल्ली वालों को भी उनके बिना
सूनी-सूनी लगती है दिल्ली

मैं उन लोगों की बात नहीं कर रहा
जो लाखों की तादाद में बिखरे हैं दिल्ली में यहाँ-वहाँ
उनके लिए तो अब भी
बहुत दूर है दिल्ली।

[3]

दिल्ली का होने के लिए
दिल्ली का होना जरूरी नहीं है
दिल्ली में होना भी जरूरी नहीं है
समझ से काम लें
तो दिल्ली आपकी हो सकती है
और होने को दिल्ली भोपाल में हो सकती है

पर दिल्ली में रहते हुए
आप भोपाल के नहीं हो सकते
भोपाल का होने के लिए
भोपाल का होना जरूरी है
यह बात अलग है कि अब भोपाल को
भोपाल में खोजना
कठिन होता जा रहा है

फिर भी भोपाल में बची हैं अभी
कुछ पुरानी मस्जिदें, एक पुराना किला
गिरती-पड़ती कुछ पुरानी इमारतें
दबी-छिपी पड़ी हैं कुछ ऊबड़-खाबड़ मजारें
बची हैं अभी कुछ पुरानी गलियाँ, कुछ किस्से

कुछ लतीफे
बानगी के लिए बची हैं कहीं-कहीं
पुरानी भोपाली

बचे हैं कुछ पुराने शायरों के नाम
बचे हैं बूढ़े हो चुके कुछ दोस्त
बची हैं आज भी भावुक कर देने वाली
कुछ यादें

बचे हैं पहाड़ियों के कुछ पुराने नाम
घेरते जा रहे हैं जिन्हें धीरे-धीरे
ऊँचे उठते मकान
बचे हैं कुछ पुराने तालाब जिन्हें
किसी तरह पूरा नहीं जा सका

लेकिन भोपाल में अब
बहुत कम बचे हैं भोपाल के लोग
बहुत कम बचा है भोपाल में
भोपाल का खान-पान
कब का उठ गया अहद होटल
स्मृति से भी जा रही है मदीने के
खाने की खुशबू-
न जाने कहाँ गुम हो गई तलैया के
बड़े मास्साब की पान की दुकान

भोपाल के नामों, निशानों को बाकायदा
मिटाया जा रहा है एक-एक करके
भोपाल को धकेला जा रहा है
भोपाल से बाहर
अपने पूरे हो-हल्ले के साथ
घुसी आ रही है दिल्ली भोपाल में

वह तो गनीमत है कि, मुम्बई, कोलकाता
और चेन्नई की तर्ज पर

बदला नहीं गया है अभी भोपाल का नाम
अब किसको कैसे पुकारूँ...
कि भोपालवासियों
सावधान!
भोपाल हुआ जा रहा है दिल्ली।

समाहार

दिल्ली में एक शहर है
मैं उसके बारे में कुछ नहीं कह रहा था

उसमें रहते हैं जो अनगिनत लोग
जीते-मरते, खटते-खपते
रोटी-रोजी कमाते
मैं उनके बारे में भी कुछ नहीं कह रहा था

दिल्ली में जो लाल किला है, जो कुतुब मीनार है
जो जामा मस्जिद है और जो यमुना नदी है और
इसके दोनों ओर जो बस्तियाँ हैं
मैं उनके बारे में तो कुछ भी नहीं कह रहा था

संसद भवन, राष्ट्रपति भवन, इंडिया गेट
विज्ञान भवन, राजघाट और शान्तिवन के बारे में तो
कतई कुछ नहीं कह रहा था

मैं अमीर खुसरो, निजामुद्दीन औलिया,
मीर और गालिब, अब्दुर्रहीम खानखाना
और बहादुरशाह जफर के बारे में तो
बिल्कुल कुछ भी नहीं कह रहा था

मित्रो,
इस सबके बावजूद
मैं जो कुछ कह रहा था
दिल्ली के बारे में ही कह रहा था।

उत्तर पटकथा बनाम सुराजे हिन्द
(कविता श्रृंखला के कुछ अंश) मई 2010

उत्तर पटकथा बनाम सुराजे हिन्द

(मुक्तिबोध, रघुवीर सहाय और धूमिल को याद करते हुए)

न तो मैं नींद में हूँ
न कोई सपना देख रहा हूँ
नींद के भीतर किसी और नींद
और सपने के भीतर किसी और सपने का
तो सवाल ही नहीं उठता

नींद और सपनों के बीच जो
थोड़े-बहुत आपसी सम्बन्ध थे
वे कब के हवा हो चुके हैं

मैं तो ख़ुली आँखों
और इसे जागना कह सकते हैं तो
जागते हुए,
उम्र के 70वें पड़ाव के पार के
रेतीले ढूह पर खड़ा होकर
अपने देश और काल के उस हिस्से को
देखने की कोशिश कर रहा हूँ
जिसके लिए कहा जा रहा है कि देखो-देखो
हम कहाँ-से-कहाँ निकल आए हैं

गो कि आँखों में रोशनी कम बची है लेकिन
इस उम्र में आँख और कान एक-दूसरे के पूरक हो जाते हैं
आँखों से सुनाई पड़ने लगता है
और कानों से दिखाई

[1]

सन् 1947 में आठ बरस का बच्चा था
और ग़ुलाम देश में पैदा हुआ था

1947, सिर्फ़ एक संख्या भर नहीं है
इतिहास में किसी एक वर्ष की
सारी दुनिया में वर्चस्व के ढहने की
वह पहली तारीख़ है जिससे उपनिवेशवाद का अन्त शुरू होता है
तब से आज तिरसठ बरस हो गए
साठ और तीन तिरसठ
सैंतालीस में पैदा हुए आदमी की जीवनलीला
लगभग समाप्त होने को आई
सत्तर पर पाँच पचहत्तर होने में कितनी सी देर है
पर आश्चर्य है वह नहीं आया
जिसे सबसे पहले आना था
लहराता तीन रंगों के साथ

सवा सौ करोड़ के हमारे देश में
सभी पढ़े-लिखे जानकार
बने-सँवरे, रँगे-पुते समझदार
फर्राटेदार अंग्रेजी बोलते
ज्ञानवान, विचारवान
रेलगाड़ियों, वायुयानों में सफर का समय बिताते
सभा-सोसाइटियों में खाते-पीते, धुआँ उड़ाते
पत्रकार, अभिनेता, फ़िल्मकार, चित्रकार,
समाजसेवी, राजनेता, धर्मगुरु, वैज्ञानिक
बकौल मुक्तिबोध
'मनसबदार, शायर और सूफी
अलगज़ाली, इब्नेसिन्ना, अलबरूनी,
आलिमो-फाज़िल, सिपहसालार
सब सरदार'
मौक़ा-बेमौक़ा
चिन्तित उदास चेहरा बनाकर
यही कहते नज़र आते हैं
हद हो गई तिरसठ बरस हो गए
पर वह नहीं आया।

और अन्त में

विकास की परम अभिव्यक्ति
यानी इक्कीसवीं मंज़िल की टैरेस पर बने
आधुनिकतम रेस्तराँ में बैठे हम
मौक़े-बेमौक़े
रंगीन रोशनियों के अँधेरे में
खाते-पीते
नाचते-गाते
अपना मनोबल बनाए रखने के लिए
बीच-बीच में
एक ही गीत गाते रहते हैं
कि हद हो गई
तिरसठ बरस हो गए
पर वह नहीं आया, जिसे आना चाहिए था
सबसे पहले लहराता
तीन रंगों के साथ
और इसी तरह एक दिन हम अपनी
आज़ादी का शताब्दी वर्ष भी मनाएँगे
सुराजे हिन्द का झंडा फहराएँगे
और हिन्द स्वराज के शताब्दी वर्ष को
साबरमती की किसी सूखती जा रही
धार में बहा आएँगे।

(मई, 2010)

●●●